日本史の実行犯

あの方《かた》を斬ったの…それがしです

長谷川ヨシテル

KKベストセラーズ

はじめに

読者の皆さん！　大河ドラマ『真田丸《さなだまる》』、ご覧になりました？　いや〜、面白かったですね〜。

ちなみに、個人的な話で恐縮ですが、第3話の「策略」という回に、実は私が一般エキストラとして出演しております。場面は「武田家滅亡」後に、真田家の一族が領地である真田の郷に戻ってくるところでした。その1分あまりのシーンの中、私は「百姓11役」で約14秒出演しております。是非、NHKオンデマンドでご覧くださいませ。

そんな個人的な話は置いておきまして、私は『真田丸』を見始めて間もなくした時に、次のような疑問を持ちました。

「あれ、真田幸村《さなだゆきむら》って誰に討ち取られたんだろう？」

辞書やネットで真田幸村（本名は真田信繁ですね）のことを調べると「大坂夏の陣で討ち死にした」とは当然出てくるのですが、誰が討ち取ったかということなどは記されていません。

「き、気になる！」

そこで私は調べてみたんです。すると、すぐにその人物の名前は出てきました。

幸村を討ち取った者、その名は「西尾仁左衛門《にしおにざえもん》」。

「だれ〜〜〜〜〜！！」

すみません、これが私の最初のリアクションでした。しかし、「超メジャーな人物を討ち取ったのになぜかマイナー！」だからこそ、一気に興味が湧《わ》きました。

そして、調べてみると、多くはないものの史料や伝承がきちんと残っていて、それをまとめた書籍なども出ているではありませんか！　このリサーチ作業が面白い面白い！

さらに、私は思いました。

「じゃあ、あの事件であの有名な人物を討ち取ったのって、誰なんだろう？」

例えば「近江屋事件《おうみや》」で「坂本龍馬《さかもとりょうま》」を暗殺した人、「乙巳の変《いっし》」で「蘇我入鹿《そがのいるか》」を暗殺した人、などなど。なんだか、知っていそうで知らないですよね。

「調べても出てこないか……」

と思ったんですが、意外にしっかりと名前が残されていて、その上無名な方ばかりだったので、さらに面白い面白い!!

本編では、無名ながら日本の歴史を動かした人物を18人ピックアップしています。その事件や人物について記された史料によっては後世にまとめられたものもあるため、諸説あるものや誇張されたものも当然あります。

しかし、それらの史料を私なりに紐解いて、それぞれ一つのストーリーとしてまとめてみました。筆者の想像で補っている部分もありますが大目に見ていただき、

「へー、こんな人がいたんだ〜」

といった新たな視点で歴史を楽しんでいただければと思います！

それでは、本編をお楽しみくださいませ〜!!

あの方を斬ったの…それがしです　日本史の実行犯　目次

第一章

戦国時代

日本史の実行犯 一

西尾仁左衛門《にしおにざえもん》

「大坂夏の陣」慶長20年（1615年）

日ノ本一の兵《つわもの》・真田幸村《さなだゆきむら》を討ち取った男

どんな人物？

○ 相模《さがみ》（神奈川）出身、はじめは甲斐《かい》（山梨県）の武田家に仕える
○ 武田家滅亡後に結城秀康《ゆうきひでやす》（徳川家康の次男）の家臣となる
○ 「大坂夏の陣」の武功で、上級武士に出世

ターゲット
真田幸村《さなだゆきむら》

真田昌幸《まさゆき》（武田信玄の重臣）の次男。本名は「信繁《のぶしげ》」。慶長5年（1600年）の「関ヶ原の戦い」で西軍に属して、高野山に配流《はいる》となる。慶長19年（1614年）の「大坂冬の陣」で真田丸を築いて活躍。翌年の「大坂夏の陣」で徳川家康の本陣を強襲するも、越前松平家の西尾仁左衛門に討ち取られた。

その他の重要人物

横田尹松《よこたただとし》
武田家の重臣。高天神《たかてんじん》城主。天正9年（1581年）に徳川家康に居城を攻め落とされると、甲斐（山梨県）に戻った。翌年に武田家が滅亡すると、家康の家臣となり江戸幕府で旗本を務めた。

結城秀康《ゆうきひでやす》
徳川家康《とくがわいえやす》の次男。羽柴秀吉《はしばひでよし》の養子。後に下野《しもつけ》（栃木県）の結城家の養子となる。「関ヶ原の戦い」の武功で、越前（福井県）68万石の大名となり、初代福井藩主となる。慶長12年（1607年）に病死した。

松平忠直《まつだいらただなお》
結城秀康の嫡男。二代福井藩主。「大坂夏の陣」で真田幸村を討ち取り、大坂城の一番乗りの武功を挙げるが、将軍家に対する不遜な言動により、元和9年（1623年）に改易され、豊後（大分県）に配流となった。

本多富正《ほんだとみまさ》
初代結城秀康、二代松平忠直、三代松平忠昌《ただまさ》に仕えた福井藩の家老。「大坂夏の陣」で武功を挙げた。

誰もが知る真田幸村《さなだゆきむら》を討ったのは、誰も知らない武田家の旧臣だった！

「大坂冬の陣」における真田丸の戦いで徳川軍を数多《あまた》討ち取り、「大坂夏の陣」で徳川本陣を強襲して家康を切腹寸前にまで追いつめたと言われる名将・真田幸村（信繁）。「日ノ本一の兵《つわもの》」と称された幸村を討ち取った人物こそ「西尾仁左衛門《にしおに(じん)ざえもん》」という名も無き兵だったと言われているのです。

実名を「宗次《むねつぐ》」という仁左衛門の生年や生国などは分かっていません。『越前人物誌』によると相模（神奈川県）の出身だと言われています。『諸士先祖之記』には、はじめは「宮地久作」と名乗り、後に遠江《とおとうみ》（静岡県西部）の西尾是尊という浪人の養子となり「西尾久作」と名を改めたと記されています。

その後に「西尾図書《ずしょ》」、次いで「西尾仁左衛門」と改めたといいますが、改名時期に関しても詳しいことは分かっていません。

仁左衛門は、はじめ武田家の重臣である横田尹松の家臣となりました。しかし、天正10年

（1582年）に武田家が滅亡すると、それから約10年、仁左衛門の動向は不明となります。浪人となって仕官先を探していたと思われます。

武田家に数年仕えたということですから、武田家の重臣であった真田家のことは無論知っていたことでしょう。

仁左衛門が再び姿を現すのは文禄2年（1593年）のこと。結城秀康《ゆうきひでやす》（徳川家康の次男）に200石の下級武士として召し抱えられました。何でも、仁左衛門の武勇の噂が秀康の耳に入り、仕官の声が掛かったと言われています。

仕官先を探していたと思われる仁左衛門にとっては、これほど有り難い話はなかったことでしょう。

その後、慶長5年（1600年）の「関ヶ原の戦い」の戦功で、主君の秀康が領地を加増され、越前の北ノ庄（福井県福井市）へ移封《いほう》（領地が移ること）となると、仁左衛門もこれに従いました。

仕官して間もなかった仁左衛門でしたが鉄砲物頭（鉄砲足軽を率いる大将）に指名され、本陣の前にあって先鋒を任される「先手役《さきてやく》」を務めるなど、武田家時代からの経験豊かな武辺者ぶりは評価されていたようです。

越前入封の翌年には700石に加増され、中級武士となっています。

「家中において、西尾家が重んじられるためには、次の戦でさらに武功を挙げねばならぬ！」

まだ新参者であった仁左衛門は、そういった心持ちであったかもしれません。

■健闘するもむなしく……

そして、時は慶長19年（1614年）を迎え、「大坂冬の陣」が開戦しました。

松平忠直《ただなお》（結城秀康の子）率いる越前松平家の1万の軍勢は、真田幸村が築いた出丸の真田丸を攻め立てますが1500人以上もの死傷者を出してしまいました。

この時、仁左衛門は常の通り「先手役」を務め、城塀に取りつき兜《かぶと》に槍傷《やりきず》を受けたといいます。この塀は、大坂城の総構《そうかまえ》の塀、もしくは真田丸の塀であると考えられます。

足軽大将の仁左衛門が最前線で戦っていることから、この戦の激しさや、仁左衛門の覚悟をうかがい知ることができます。

また「冬の陣」で徳川軍が大砲を大坂城に撃ち込み続け、砲弾が屋敷に命中して淀殿（茶々）の侍女が亡くなり和睦へ話が進んだということはよく知られています。

実はこの時に、家康から「砲術鍛錬之者　数十人」を選んで大坂城内に大砲を撃ち掛けるように命じられた大名は、藤堂高虎と松平忠直だったといいます。

仁左衛門は忠直の鉄砲物頭ですから、ひょっとすると大坂城に大砲を撃ち込んでいた兵の中に、仁左衛門がいたかもしれません。

このように和睦の一端を担った越前松平家ですが、「冬の陣」における戦功は、真田丸の戦いが物語るように、芳《かんば》しいものではありませんでした。

「家康公の覚えが目出度《めでた》くなければ越前松平家も改易となり、西尾の名を世に残すことはできぬ！」

仁左衛門は決意を新たにしたことでしょう。

■赤備えの大群、現る

年が明け、慶長20年（1615年）となり、「大坂夏の陣」が開戦となりました。5月6日の「道明寺《どうみょうじ》・誉田《こんだ》の戦い」や「八尾《やお》・若江《わかえ》の戦い」を優位に進めた徳川軍は、その勢いのまま大坂城に攻め寄せました。

大坂城の巨大な外堀は「冬の陣」の和睦条件として埋めてしまったので、豊臣軍も野戦を仕掛けるために陣を張っていたのです。翌5月7日には両軍は天王寺口と岡山口で対峙します。

仁左衛門が従軍する越前松平家の軍勢の前には、「冬の陣」の際に家康が本陣とした茶臼《ちゃうす》山《やま》が見えます。そこには赤備《あかぞな》えの甲冑《かっちゅう》で統一された軍勢が陣を張っていました。

「赤備え……真田の軍勢か！」

仁左衛門をはじめとした越前松平家の兵たちは、その光景に復讐の思い、もしくは恐れを感じたことでしょう。

そして、慶長20年5月7日の正午を迎えようとしていた時――。

「天王寺・岡山の戦い」と言われる激戦は、徳川軍の本多忠朝《ただとも》（忠勝の子）隊の銃撃で突如始まりました。本多隊が天王寺に陣を張る毛利《もうり》勝永《かつなが》に銃を撃ち込むと、真田隊が陣を張る茶臼山の方面でも銃撃戦が繰り広げられ始めました。

ところが、この銃撃戦に越前松平隊は加わろうとしません。それは藩主の松平忠直の下知《げじ》がまだ届かず、撃つことが出来なかったためです。

仁左衛門はこれに異を唱え、家老の本多富正《とみまさ》にすかさず進言しました。

仁左衛門「この先で鉄砲の音が聞こえてくるのに、我らは待ち過ぎでございます！　終《つ》いには撃ち負けて手負いの者を多く出してしまいます。ここは下知を待たずに早く撃ち返すべきです！」

富正は「もっともである」と進言を採用し、豊臣軍の真田隊などとの銃撃戦が始まりました。

そして、そのまま乱戦となり、越前松平隊は豊臣軍を押し始めました。「冬の陣」の失策を取り返す気持ちが強かった越前松平家は「夏の陣」において「大坂城一番乗り」と「最多の首級を取る」という2つの大功を挙げた程、士気が高かったのです。

■名のある武将を狙う仁左衛門

この乱戦の中で越前松平隊は、まず真田隊を突破。そして、そのまま突撃し、大坂城を目指しました。

しかし、大坂城を目指し過ぎて北に進軍した結果、徳川家康の本陣を目指して南に進軍する真田隊の一部が越前松平隊の脇をすり抜けて行きました。その中に真田幸村もいたのです。幸村率いる真田隊は徳川家康の本陣を強襲し、「三方ヶ原《みかたがはら》の戦い」以来、一度も倒されることがなかった馬印《うまじるし》は踏みにじられ、家康は切腹を覚悟するほど追い詰められていました。家康の本陣が崩れたことを知った藤堂高虎や細川忠興《ただおき》などの軍勢が加勢に入り、家康は何とか危機を脱しました。家康の首一つを狙った真田隊をはじめとする豊臣軍の目論見《もくろみ》はここで崩壊し、残兵は大坂城を目指しました。

その頃、越前松平家の軍勢は大坂城一番乗りを目指して驀進《ばくしん》していました。

しかし、仁左衛門はこの中にいませんでした。詳しい理由は不明ですが、『私覚』によるとどうやら「よき敵」を探していたようです。つまり、大坂城一番乗りの武功よりも、名のある武将を討ち取ることを狙ったということでしょう。

大将首を狙った仁左衛門は、馬に乗って真っ直ぐに敵陣の中へ飛び込んでいきました。小高い丘に馬を進めると、朱色の甲冑を身に着けた馬上のよき敵が目に入りました。

仁左衛門「あいや、待たれい！　真田の御家中と見え申し候《そうろう》！　我は越前松平家鉄砲物頭《ものがしら》、西尾仁左衛門である！　槍を合わせたまえ！」

仁左衛門が声を掛けて馬を下りると、敵は名乗りを上げることなく馬を下り、静かに槍を構えました。よく見ると、身体にいくつも傷を負っています。それでもなお敵の士気は高く、仁左衛門との槍での戦いが始まりました。

しかし、敵の疲れは相当なものがあり、終いに仁左衛門は敵を組み伏せ、ついにその首を討ち取ったのです（この場所は生國魂《いくくにたま》神社と勝鬘院《しょうまんいん》の間だと言われ、幸村最期の地と伝わる安居《やすい》神社よりも５００ｍほど北にあたります）。

■仁左衛門が討ち取った武将の正体

さて、よき敵を討ち取った仁左衛門でしたが、ここである問題が起きました。

仁左衛門「名のある武士のようだが、誰なのだこの者は――」

武田家に仕えていた仁左衛門でしたが、自身が討ち取った真田家の敵の名が分からなかったのです。ひとまず仁左衛門は首を持って陣に戻りました。そこへ仁左衛門の親戚の羽中田《はちゅうだ》市左衛門《いちざえもん》とその弟の縫殿之丞《ぬいのじょう》が陣中見舞いにやってきました。

羽中田兄弟「此度《こたび》の戦の首尾はいかがか？」

仁左衛門「兜首を討ち取ってまいったのだが、誰なのか分からんのだ」

仁左衛門は討ち取った首を羽中田兄弟に見せました。すると――

羽中田兄弟「な、なんと！　この首は真田左衛門佐《さえもんのすけ》幸村殿ではござらぬか!!」

仁左衛門「なんだと!?　それは、確かか!?」

羽中田兄弟「それがしたちは元々、真田家に仕えていた身。間違いございませぬ！」

自分が討ち取った武将が真田幸村だと知った仁左衛門は、家老の本多富正と本多成重《なりしげ》に報告すると、すぐに藩主の忠直の耳に入り、褒美に腰物（刀）を下賜《かし》されました。

その後、家康と徳川秀忠《ひでただ》にその報《しら》せが入り、仁左衛門は両御所（家康と秀忠）に御目見えを仰せつけられ、御褒美金と時服を賜《たまわ》っています。

■２００石から３８００石、上級武士へ大出世

仁左衛門は「大坂の陣」の後、幸村を討ち取った武功によって１８００石に加増され、年《とし》寄《より》（家老）に次ぐ「寄合《よりあい》」の家格となりました。その後も段々と加増され、２００石で始まった仁左衛門の禄高は、最終的には３８００石となりました。

見事に上級武士へ大出世を果たした仁左衛門は寛永12年（１６３５年）に亡くなりますが、子孫は福井藩に代々重臣として仕え、明治維新を迎えました。

その西尾家には、幸村を討ち取った際に戦利品として得たと言われる幸村愛用の采配や長《なぎ》刀《なた》、兜《かぶと》が家宝として残り、現在まで伝わっています。

また、仁左衛門は幸村を弔《とむら》うために地蔵を建《こん》立《りゅう》しています。それは仁左衛門自身も眠っている孝顕寺《こうけんじ》（福井県福井市）に建てられ「真田地蔵」と呼ばれました。

背面に「大機院」（幸村の法名）が刻まれたその地蔵は現存しており、福井市立郷土資料館に寄贈されています。この地蔵の元々の安置場所は「真田幸村首塚」と伝承されてきました。

しかし、実際は幸村の鎧袖《がいしゅう》を埋葬した場所であり、本当の首塚の場所は別にあるといいます。それは福井城下のどこかであると言われていますが、西尾家の一子相伝の秘密になっていて、仁左衛門の子孫以外は誰も知ることが出来ないそうです。

現代に残る実行犯ゆかりの史跡

真田地蔵《さなだじぞう》

西尾仁左衛門が幸村の供養のために建立したと伝わる、高さ87cmの地蔵。裏には幸村の法名の「大機院真覚英性大禪定門」が刻まれている。西尾家の菩提寺の「孝顕寺」に伝わり、現在は福井市立郷土歴史博物館に保存されている。

[福井県福井市　宝永]

真田幸村公之像

「大坂夏の陣」で幸村が討ち死にした場所だと伝わる「安居神社」の境内に建立されている。銅像の近くには「眞田幸村戰死跡之碑」が建てられ、幸村が寄り掛かって休んでいたと伝わる「さなだ松」(2代目)が立っている。

[大阪府大阪市　天王寺区逢阪]

高天神城《たかてんじんじょう》

「高天神を制する者は遠州《えんしゅう》を制する」と言われた要衝の城。徳川家と武田家が激しい攻防戦を繰り広げた。天正9年(1581年)の「第二次高天神城の戦い」で徳川家が城を奪還して武田勝頼《かつより》の声望は落ち、翌年の滅亡の一因になったとされる。

[静岡県掛川市　上土方嶺向]

茶臼山

「大坂冬の陣」で徳川家康が本陣とし、「大坂夏の陣」で真田幸村が本陣とした高さ26mの小山。元々は5世紀頃に造られた当地の豪族の墓(前方後円墳)であると言われる。

[大阪府大阪市　茶臼山町]

写真提供/福井市立郷土歴史博物館(左上)、長谷川ヨシテル(右上、右下)

日本史の実行犯 二

安《やす》田《だ》作《さく》兵《べ》衛《え》

「本能寺の変」天正10年（1582年）

織田信長《おだのぶなが》を槍で突き、
森蘭丸《もりらんまる》を討ち取った男

どんな人物？

○槍が得意な明智光秀《あけちみつひで》の家臣で「明智三羽烏《さんばがらす》」に数えられた

○「本能寺の変」で明智軍の偵察と先鋒《せんぽう》を務める

○明智家滅亡後に再仕官するが各地で問題を起こし転々とする

ターゲット

森蘭丸《もりらんまる》

織田信長の小姓、近習。天正10年（1582年）3月に信長が武田家を滅ぼすと、美濃《みの》の金山《かなやま》城主（岩村城主とも）となり5万石を領した。しかし、同年の6月に「本能寺の変」で明智光秀の軍勢に攻められ、明智家の安田作兵衛に討ち取られたと言われる。

その他の重要人物

■織田信長

尾張から美濃へ進出し、足利義昭《あしかがよしあき》（後の室町幕府15代将軍）を擁して上洛。後に対立した義昭を京都から追放し、室町幕府を滅亡させる。その後、越前の朝倉《あさくら》家や近江の浅井《あざい》家を滅ぼし、「長篠《ながしの》の戦い」で武田家を撃破。石山本願寺を大坂から追放し、中国地方の毛利《もうり》家を攻め始めるが、明智光秀の謀反によって自害した。

■明智光秀

織田信長の重臣。信長の畿内進出に大きく貢献し、丹波（京都府）攻めで武功を挙げた。中国地方の毛利攻めに向かうと見せて反転し、京都の本能寺を襲撃して信長を自害に追い込んだ（本能寺の変）。しかし、「中国大返し」で畿内に戻った羽柴秀吉との「山崎《やまざき》の戦い」に敗れ、敗走中に土着の住民の襲撃に遭って死去した。

■斎藤利三《さいとうとしみつ》

美濃出身の武将。作兵衛の主君。はじめに「美濃三人衆」の稲葉一鉄《いなばいってつ》に仕えた後、明智光秀に仕えて重臣となる。「本能寺の変」では先鋒を務めた。「山崎の戦い」で秀吉に敗れた後に捕縛され、六条河原で斬首となった。

「本能寺の変《ほんのうじのへん》」の実行犯は明智光秀ではなかった

尾張の小大名から瞬《また》く間に諸国を併呑していき、乱世の天下人となった織田信長《おだのぶなが》。しかし信長は、天下統一を間近にして、謀反により突如としてこの世を去りました。「本能寺の変」です――。

この時、謀反の首謀者である明智光秀の家臣として寺を襲撃し、信長に一番槍をつけ、信長の小姓である森蘭丸《もりらんまる》を討ち取ったと言われるのが「安田作兵衛《やすださくべえ》」という人物です。

実名を「国継《くにつぐ》」といった作兵衛。出身は美濃の安田村（岐阜県海津市《かいづし》）。作兵衛と同じく美濃の出身だった、明智光秀の重臣である斎藤利三に仕えました。

槍が得意だったと言われる猛将で、多くの合戦で武功を挙げたことから、古川九兵衛《ふるかわきゅうべえ》と箕浦大蔵丞と共に「明智三羽烏」の一人に数えられ、その筆頭とされたといいます。

天正10年（1582年）5月。

作兵衛の主君である明智光秀は、安土城で徳川家康の饗応役を命じられていました。しかし、信長から突如解任、安芸（広島県）を拠点に中国地方の覇者であった毛利家を攻めていた羽柴秀吉に加勢するように、命じられました。

そこで、琵琶湖《びわこ》の湖岸に建つ居城の坂本城《さかもと》（滋賀県大津市）に入った光秀は、軍備を整えて西に向かい丹波の亀山城《かめやま》（京都府亀山市）に移りました。作兵衛が仕える斎藤利三もこれに従っているので、おそらく作兵衛も同行していたと思われます。

1万3千もの軍勢を率いて亀山城を出陣した光秀は、ここで斎藤利三をはじめとした重臣5人に「信長を討つ」ということを打ち明けました。重臣たちは光秀の大計に賛同し、大軍は京都の本能寺に向かうことになったのです。

■光秀から信頼を得ていた作兵衛

密議の後、光秀はこの大計を成し遂げるために、明智家中屈指の武勇を誇るある人物を呼び出しました。それが作兵衛でした。

作兵衛は光秀から直々に次のような命令を下されたといいます。

「味方の中から本能寺へ注進する者が現れるかもしれない。そのような怪しい者がいれば討ち捨てよ」

光秀は重臣5人にしか計画を打ち明けていないとされていますが、作兵衛だけは特例だったようです。おそらく光秀から相当な信頼を得ていたのでしょう。

大軍に先行した作兵衛は、畑で瓜《うり》を採る百姓たちを見つけます。百姓たちはいきなり現れた鬼気迫《ききせま》る作兵衛に驚いて、その場を逃げ出しました。

作兵衛はこれを見て「本能寺に注進するつもりだな！」と勘違いし、百姓たちを追い廻して20～30人を斬り殺してしまったそうです。槍働きでのし上がった猛将の作兵衛は、武勇に優れる一方で血の気が常に多い直情型の人物でもありました。

さて、作兵衛と重臣5人だけに打ち明けられた日本史を揺るがす光秀の大計は、静かに進行していきました。

■15mの大木を目印に進む

そして、進軍中に日付は変わり、時は天正10年（1582年）6月2日を迎えます――。京の市中への入り口である桂川に到着した光秀は兵士たちに、戦いやすくするために新しい草鞋や足半に履き替えるように、また足音を消すために馬の沓は切り捨てるように、そしてすぐに銃弾を放てるように鉄砲の火縄に火をつけておくように細かく命じました。兵士たちが光秀の命令に従って軍容を整えた後、桂川を渡ると、夜が明けました。

明智軍の先鋒を務めるのは斎藤利三。作兵衛の姿も、その軍勢の中にありました。この時、どの軍勢が襲撃したかを覚《さと》られないようにするために、旗指物《はたさしもの》や幟《のぼり》は立てていなかったといいます。

作兵衛は市中に入ると、町々の境にあった木戸を押し開けて本能寺を目指しました。『川角太閤記《かわすみたいこうき》』によると、目印は本能寺に聳《そび》えていたサイカチの木だったといいます。サイカチは樹高が15mほどになることもあるので、夜明けとはいえ、良い目印になったと思われます。

作兵衛はサイカチを目指して市中を走り、ついに本能寺に辿り着きました。作兵衛に続いて明智軍の兵士たちが駆け付け、信長が籠る本能寺は完全に包囲されました。

『言経卿記《ときつねきょうき》』によると、卯《う》の刻（午前6時頃）だったといいます。

明智軍は鬨《とき》の声を上げて、無数の鉄砲を撃ち込みました。それを合図にして、明智軍は本能寺に攻め掛かったのです。その先陣には作兵衛がいました。

信長「是非《ぜひ》に及ばず――」

光秀の襲撃を知り、覚悟を決めた信長は小姓たちと合流して、わずか20～30人の手勢で果敢に応戦しました。信長自身も弓を射て戦い、弦が切れると槍を持って奮戦しました。

しかし、作兵衛が先陣を務める明智軍の猛攻を前に、信長の家臣たちは次々に討ち死にを遂げていき、あっという間に劣勢となっていきました。

■窮地に追い込まれた信長

信長の小姓の森蘭丸は「名もない武士に討たれてはなりませぬ」と信長に進言します。それを受けた信長は、障子《しょうじ》を閉めて屋敷の奥に向かうことにしました。

作兵衛は偶然、その姿を目にしたといいます。

作兵衛「信長公、返させ給え！」

作兵衛は叫びながら必死に後を追い、縁側へ飛び乗りました。そして、障子越しに槍を突き出したのです。

作兵衛の手に、信長の体を鋭く突いた感触が確かに残りました。障子を突き破って、信長をこの手で討とうとしたその時――。

森蘭丸「待て！　森蘭丸を見知りたるか！」

『森家先代実録』（津山市教育委員会編、同委員会刊）によると、信長の危機を察知した蘭丸

が、作兵衛の行く手を阻んだといいます。
蘭丸が懸命に突き出した十文字槍によって、作兵衛は股に傷を負います。
しかし、作兵衛は槍の穂先を摑み、屋敷の縁側から蘭丸を引きずり下ろしました。そして、蘭丸が態勢を崩したところを、作兵衛は下から刀で突きました。

作兵衛「森蘭丸、討ち取ったり！」

蘭丸を討ち取った作兵衛は、信長の首を取りに向かおうとしますが、既に信長は燃え盛る屋敷の奥へ姿を消していました。

作兵衛「信長公！　返させ給えー！」

作兵衛が二度と信長の姿を目にすることはありませんでした。
『信長公記』（太田牛一著、角川書店）によると、戦闘中に肘《ひじ》に槍傷を負った信長は最期の姿を見せまいと、屋敷の奥深くに入り、自害して果てたと言われています。作兵衛が逃した信長の首の行方は分かっていません。

■トラブル続きの作兵衛

その後、明智光秀は「山崎の戦い」で秀吉に敗れて滅亡し、作兵衛が仕える斎藤利三が斬首されると、謀反《むほん》の一味とされた作兵衛は羽柴秀吉からの探索を逃れるため、名を「天野源《あまのげん》右衛門《えもん》」と改めて浪人しました。

その後作兵衛改め源右衛門は様々な大名家に仕え始めますが、各大名家でトラブルを起こして出仕と出奔を繰り返してしまいます。

羽柴秀勝《はしばひでかつ》（信長の四男、秀吉の養子）に仕えた時には、お気に入りの遊女を盗み出して問題となり出奔をしてしまいました。

次に仕えたのは森長可《もりながよし》です。長可は、なんと作兵衛が討ち取った蘭丸の兄にあたる人物でした。長可は「鬼武蔵《おにむさし》」と称された豪傑だったので、過去の遺恨よりも、作兵衛の武勇を気に入って召し抱えたのかもしれません。

豪傑同士ということもあり、作兵衛と気の合う主君に思われた長可ですが、「小牧《こまき》・長久《ながく》手《て》の戦い」で眉間《みけん》に銃弾を受けて討ち死にしてしまいます。その後の当主は、長可や蘭丸の弟である森仙千代《せんちよ》（後の森忠政《ただまさ》）が務めることになりました。

この時、仙千代は16歳。若き新たな当主に対して、作兵衛は「なぜ幼い仙千代に頭を下げないといけないのだ」と暴言を吐いて、森家を出奔してしまいます。

その後、蒲生氏郷《がもううじさと》（氏郷は信長の娘婿《むすめむこ》。信長は義理の父にあたる）にも仕えますが、こちらも馬が合わなかったようで出奔しています。

次に仕えたのは豊臣秀次《ひでつぐ》（秀吉《ひでよし》の甥《おい》）。こちらでもまたトラブルを起こしています。『陰徳太平記《いんとくたいへいき》』によると、ある日、出陣ではなくて秀次の屋敷の普請を命じられたことを不満に思った作兵衛は、配下の兵士200〜300人に弓鉄砲を持たせて武装させ、自分は槍を担《かつ》いで普請場を訪れました。秀次から理由を問《と》い質《ただ》された作兵衛は「いつも家臣には槍や刀の鍛錬を心掛けよと言っている。普請をするような家臣など持っていない」と大笑いしながら反論し、秀次に大激怒されて命を狙われる始末となって出奔をしています。

それでも、武勇で名を馳《は》せていた作兵衛への仕官の話は尽きず、今度は九州へ渡って、こちらも武勇に優れたことで有名な柳河《やながわ》（福岡県柳川市）の大名、立花宗茂《たちばなむねしげ》の家臣となりました。

この時は「一番槍をつけるから、1万石の知行が欲しい」と豪語して仕えています。しかし、「朝鮮出兵」の際に別の者に一番槍を取られてしまったため、以前から作兵衛を苦々しく思っていた立花家の譜代家臣たちによって追放され、再び浪人となっています。

そして、最終的に作兵衛が辿り着いたのが、寺沢広高《てらざわひろたか》が治める肥前国《ひぜんのくに》の唐津《からつ》藩（佐賀県唐津市）でした。広高は作兵衛の旧友であり、立身出世を夢見た若い頃に「どちらか一人が大名になったら、残る一人を10分の1の高禄《こうろく》で召《め》し抱《かか》える」と約束していたそうです。

そして、唐津藩8万石の主となっていた広高は作兵衛を8千石という高禄で召し抱えて、約束を果たしたと言われています。

旧友の許で晩年を過ごした作兵衛は、唐津の地で亡くなりました。

命日は慶長2年（1597年）6月2日――。奇《く》しくも「本能寺の変」からちょうど10年後の同月同日でした。

頬の腫物の悪化を苦にした自害だと言われ、世間では「信長を刺して蘭丸を討った祟《たた》りである」と噂されたそうです。

その後、作兵衛の墓は唐津城下の浄泰寺《じょうたいじ》に建立されました。この寺には、ある一本の槍が寺宝として伝わっています。それは作兵衛の愛槍と言われ、「本能寺の変」の時に織田信長を突いたものだと言われています。現在は唐津城で目にすることが出来ます。

現代に残る実行犯ゆかりの史跡

唐津城

寺沢広高によって慶長13年（1608年）に築城された唐津湾に面した海城《うみじろ》。豊臣秀吉が「朝鮮出兵」の際に築いた肥前《ひぜん》名護屋《なごや》 城《じょう》の資材が流用されたと言われる。鶴が翼を広げたように見えることから「舞鶴城《まいづるじょう》」とも呼ばれる。
［佐賀県唐津市　東城内］

本能寺跡

応永《おうえい》22年（1415年）創建。足利将軍家の保護を受ける。その後、織田信長が京都での宿舎として使用した。本能寺は種子島《たねがしま》に多くの信者がいたことから、信長が求める鉄砲や火薬を手に入れやすかったという。その後「本能寺の変」で焼失した。
［京都府京都市　中京区元本能寺南町］

亀山城

天正5年（1577年）に明智光秀によって築城された。「丹波《たんば》亀山城」や「亀岡城」とも呼ばれる。光秀の丹波平定の拠点となり「本能寺の変」の際もこの城から出陣をした。江戸時代にも要衝として重要視され、天下普請《てんかぶしん》で大改築が行われた。
［京都府亀岡市　荒塚町］

本能寺

「本能寺の変」で焼失後、豊臣秀吉によって移転・再建されたものが、現在の本能寺である。正式な寺名は「能」ではなく「䏻」が使われている。5度も火災に遭ったため「ヒ（火）が去る」という意味を込めて「䏻」となったと当寺に伝わっている。
［京都府京都市　中京区下本能寺前町］

写真提供／長谷川ヨシテル（右上、右下）

日本史の実行犯 三

毛利新介《もうりしんすけ》

「海道一の弓取り」
今川義元《いまがわよしもと》を
討ち取った男

どんな人物？

○ 尾張《おわり》（愛知県）出身で、
織田信長の馬廻衆《うままわりしゅう》を務める

○ 「桶狭間《おけはざま》の戦い」以降は
織田家の官僚として活躍をする

○ 「本能寺の変」で
信長の後を追うように最期を迎える

「桶狭間の戦い」永禄3年（1560年）

ターゲット
今川義元《いまがわよしもと》

駿河《するが》、遠江、三河《みかわ》の三国を領した戦国大名。今川家の全盛期を築き、「海道一の弓取り」と称された。しかし、永禄3年（1560年）に尾張の織田信長を攻めるために出陣したところ、桶狭間での休息中に織田軍の強襲にあって、信長の馬廻衆の毛利新介に討ち取られた。

その他の重要人物

■織田信長

尾張（愛知県）の戦国大名。永禄2年（1559年）に尾張を統一し、その翌年に駿河・遠江・三河を治める今川義元を「桶狭間の戦い」で討ち取り、天下統一の足掛かりとした。

■服部小平太《はっとりこへいた》

織田信長の馬廻衆。「桶狭間の戦い」で今川義元に一番槍をつける武功を挙げた。実名は「一忠《かずただ》」。

■織田信忠《のぶただ》

織田信長の長男。天正4年（1576年）に信長から家督を譲られ、岐阜城主となる。天正10年（1582年）の「甲州征伐」で総大将を務めて武田家を滅ぼした。しかし、同年に起きた「本能寺の変」に際して、京都の二条御所を明智軍に包囲されて自害した。

「桶狭間の戦い」における織田信長の武功の陰に真の英雄あり

尾張の小大名に過ぎなかった織田信長が、その名を初めて天下に轟《とどろ》かせた「桶狭間の戦い」。駿河・遠江・三河の三国の太守であった今川義元《いまがわよしもと》が討ち取られた戦国の大転換点となった戦です。

この時、義元の首を討ち取った人物こそ「毛利新介《もうりしんすけ》」という一人の若武者でした。諱《いみな》を「良勝《よしかつ》」といった新介の生年は分かっていません。

織田家に仕えた「毛利」一族の縁者であると考えられ、出身は尾張（愛知県）だと言われています。

織田信長に見出《みいだ》されて小姓となり、永禄年間（1558〜1570年）の初期に新設された信長の精鋭部隊である馬廻衆に選ばれました。

信長の馬廻衆に任命された代表的な人物には前田利家《まえだとしいえ》などがいますが、前田利家が天文7年（1538年）生まれであることを考えると、新介は1540年前後の生まれだったかもしれません。

そうすると、信長は天文3年（1534年）なので、新介は信長の5歳ほど年下だったと考えられます。

よく知られた逸話ですが、信長は若い頃に入浴の際に着る湯帷子《ゆかたびら》を普段着にして、紅や萌《もえ》黄《ぎ》の派手な糸で結った茶筅髷《ちゃせんまげ》を逆立たせ、柿や瓜をかじりながら街を歩いていたことから「大うつけ」と評されていました。

この時、信長は「傾奇者《かぶきもの》」と呼ばれる派手な身なりの若者を集め、その若者の肩にだらしなく寄り掛かりながら歩いていたといいます。ひょっとすると、傾奇者の一人として新介の姿も信長の側にあったかもしれません。

■大躍進する信長と今川義元の侵攻

大うつけだと悪評が立っていた信長ですが、天文20年（1551年）に父の織田信秀が亡くなって、18歳で家督を相続すると、武将として一気に飛躍していきます。

家督争いをしていた実弟の織田信行《のぶゆき》を「稲生《いのう》の戦い」で破って後に暗殺。「浮野《うきの》の戦い」で敵対していた同族の織田信賢《のぶかた》に勝利を収めて追放。ついに永禄2年（1559年）までに、信長は尾張を統一して、一国の主《あるじ》となったのです。

信長の尾張統一における戦いでの新介の活躍は詳しくは分かりませんが、10代後半の血気盛んな年頃だったことを考えると、信長の精鋭部隊として武功を挙げていたかもしれません。

新介「この御方《おかた》の御側《おそば》にいれば、いずれ天下をこの目で見られるかもしれない！」

信長の破竹《はちく》の勢いを間近に見ていた新介は、そう思ったことでしょう。

しかし、尾張を統一した翌年のこと。織田家に滅亡の危機が訪れてしまいます。当時、日ノ本最大級の領地を誇った今川義元が、尾張に侵攻する動きを見せたのです。

永禄3年（1560年）5月12日、今川義元は本拠地の駿河の今川館《いまがわやかた》（静岡県静岡市）を出陣。5月17日には、今川方の最前線拠点の一つである沓掛城《くつかけ》に入りました。

「出撃か、籠城《ろうじょう》か……」

織田家の本拠地、清須《きよす》城では軍議が紛糾していました。信長は結論を下すことなく散会とし、重臣たちは織田家が滅亡することを予感しました。

この時、新介がどこにいて、どう思ったかは不明です。しかし、自分を見出してくれた主君を最後まで信じ抜こうと思っていたことでしょう。

■突然の出陣

そして、時は永禄3年（1560年）5月19日を迎えます。

夜明け時、織田家の最前線の砦《とりで》である鷲津《わしづ》砦と丸根《まるね》砦が、今川の大軍に包囲されたという報《しら》せが信長に届きました。使者からの注進を静かに聞いた信長は、屋敷の奥に入って、幸若《こうわか》舞《まい》「敦盛《あつもり》」の一節を舞いました。

「人間五十年、下天の内をくらぶれば、夢幻《ゆめまぼろし》の如《ごと》くなり。一度、生を得て滅せぬ者のあるべきか」

舞い終わった信長は、周囲に下知を飛ばしました。

信長「貝を吹け！　具足《ぐそく》を持て！」

甲冑《かっちゅう》を身に着けながら湯漬けをかき込んだ信長は、馬に跨《また》がって清須城を出陣しました。この時、従った家臣はわずかに小姓5人だったといいます。

この突然の出陣に、さすがの新介も不意を突かれて出遅れてしまいました。

新介「決戦に遅れてなるものか！」

必死に信長を追いかけた新介。どこで信長に追いついたかは不明ながら、おそらく信長が戦勝祈願しつつ家臣たちの到着を待った熱田社《あつたしゃ》（後の熱田神宮）あたりで、信長本隊に合流したのではないかと思います。

その後、新介は信長に従い、善照寺砦《ぜんしょうじ》に入りました。ここで信長は、家臣たちの到着を再び待ちつつ、ある報せを待っていました。そして、待望の諜報が信長の許に届きました。

「今川義元は桶狭間山にて休息をしております！」

報告を受けた信長は、今川義元の陣に近接する中島砦に移りました。新介も当然、これに従います。

この時、今川軍は2万5千だったのに対して、織田軍はわずか2000足らずだったと言います。

しかし、新介が心酔《しんすい》する信長が率《ひき》いる織田軍の士気は高いものでした。

時刻は正午過ぎ。鉛色《なまりいろ》の雲が立ち込める中、信長は己に命を預けてくれた者たちに下知を飛ばしました。

信長「小軍なりとも大軍を怖るることなかれ！　運は天にあり！　この一戦に勝たば、この所に集まりし者は家の面目、末代に到《いた》る功名である！　一心に励むべし！」

この言葉を聞いた新介は、沸《わ》き上がる熱い想いを胸に、こう思ったのではないでしょうか。

「この戦、勝てる！」

■2万5000対2000、いざ開戦！

関の声が雷鳴のように轟く中、織田軍は中島砦を出陣しました。そこにはもちろん、新介の姿もあります。

その頃、今川軍はまだ桶狭間山で休息を取っています。その間に、織田軍は桶狭間山の山際に接近し、突撃の頃合いをうかがっていました。

すると不思議なことが起きました。突然、強風が吹き荒れて、大地を揺るがすほどの豪雨となったのです。これによって野営を張っていた今川軍は大混乱となりました。

そして、ついにその時が訪れます。

氷や石のように激しく打ち付けた俄雨《にわかあめ》が止み、空が晴れると、信長は槍を突き上げ、突撃を下知しました。

信長「今川の本陣はあそこである！　皆の者、掛かれ！」

今川義元はまだ桶狭間山で休息を取っていました。その本陣を確認した信長の馬廻衆や小姓たちは一斉に打ち掛かります。その中に新介の姿もありました。

新介「必ずや義元の首を刎《は》ねてみせる……！」

新介は槍で突き倒し、刀で斬り伏せ、ひたすら義元の本陣を目指しました。今川軍は新介たち馬廻衆の突撃に恐れをなし、弓や槍などの武具だけでなく、義元の朱塗りの輿《こし》を打ち捨てるほど算を乱すように崩れました。

信長「義元の旗本はあれだ！　あれに掛かれ！」

信長からさらなる下知が飛びました。新介の前方には義元の旗本300騎あまりが一団となって敗走しています。その旗本の中心に義元がいることは明らかでした。

織田軍は執拗《しつよう》に突撃を加え、義元の旗本はいつの間にか50騎ほどに数を減らしていました。しかし、織田軍の損傷も激しく、負傷した者や討ち死にした者が多く出ていました。そのような乱戦の中、新介は必死に義元の旗本を追撃し、義元の姿を目にします。そして、信長の馬廻衆が義元に襲い掛かりました。

■馬廻衆たちの活躍

まずは、新介と同じく信長の馬廻衆である服部小平太《はっとりこへいた》が義元を槍で突きます。これは致命傷には至らず、反撃に出た義元は小平太の膝を刀で斬り、小平太は戦闘不能になってしまいました。

そこへ駆け付けたのが新介でした。

新介が懸命に突き出した刀は義元の身体を貫《つらぬ》き、義元はその場に倒れ込みました。まだ息があった義元はすさまじい形相で抗《あらが》いを見せましたが、新介は義元を組み伏せ、ついにその首を斬り落としました。

新介「今川義元、討ち取ったりー!!!」

新介は信長が見えるように首級《くびじるし》を掲げると、織田軍から鬨の声が上がりました。

この時、興奮の絶頂にある新介は己の身体に異変が起きていることに気付きませんでした。新介が首を掻《か》き切る際に、義元は最期の意地で新介の指に噛みつき、それを噛み切っていたのです。そのため、胴から切り離された義元の首は、新介の指をくわえたままだったと言われています。

■文官としての才能

この「桶狭間の戦い」で一番の武功を挙げた新介は、この後、生涯を懸けて信長の側近を務

め上げていきます。まずは馬廻衆から選抜された「黒母衣衆《くろほろしゅう》」に任命され、その後は「尺限廻番衆《さくきわまわりばんしゅう》」という近習（主君のすぐそばに仕える家来）を務めました。

実は新介には、この戦以外、戦場での目立った活躍はありません。それは新介が槍働き以上に官僚・文官としての能力をいかんなく発揮し、信長の傍《かたわ》らに常に仕える立場となったためでした。そのため、信長の判物や書状に側近を代表して新介が署名を残しているものがあります。

吏僚《りりょう》として信長の天下統一事業を支えた新介ですが、その最期は突然訪れます。

■「本能寺の変」で迎えた最期

時は、天正10年（1582年）6月2日――。明智光秀が謀反を起こし、信長がいる本能寺を強襲しました。世に言う「本能寺の変」です。

新介はこの時も信長に従って京都に入っており、織田信忠（信長の長男）が宿舎としていた妙覚寺《みょうかくじ》にいました。変事に気付いた新介が南方を見つめると、本能寺のある方角から火の手が上がっていました。

援軍に駆けつけようとした新介ですが、そこに血と埃《ほこり》にまみれた使者が現れて、次のような報せを届けました。

「上様は既《すで》に御腹を召《め》されました……」

生涯の全てを信長に捧げた新介にとって、俄には信じ難《がた》い事実だったことでしょう。信長の天下統一をこの目で確かめることを悲願としていた新介でしたが、その実現を目前にして、信長はこの世を去りました。

さらに明智軍は、その勢いのまま信忠も亡き者にしようと北上してくるということでした。これを受けて、信忠は妙覚寺の構えでは守りきれないと考えて二条御所に移り、新介らわずかな手勢で明智軍を迎え撃ちました。しかし、多勢に無勢、奮戦の末に信忠は自害。新介もついに討ち死にを遂げました。

桶狭間で今川義元の首を取り、主君の織田信長の名を天下に知らしめた男は、その天下取りを誰よりも近くで支え続け、主君の死を追うようにその最期を迎えたのです。

新介にまつわる史跡は多くありませんが、今川義元を討ち取った地とされる愛知県名古屋市の「桶狭間古戦場公園」には、「今川義元の墓」と「今川義元戦死之地」の石碑や「義元公首洗いの泉」が保存されています。

隣の豊明市の「桶狭間古戦場伝説地」も義元の最期の地と言われ、2つの「今川義元の墓」が現在まで伝えられています。

また、本能寺の変での焼失後に豊臣秀吉によって移設された現在の本能寺にある「変戦没者合祀墓」には、討ち死にした織田家の家臣たちの中に、新介の名が刻まれています。

現代に残る実行犯ゆかりの史跡

今川治部大輔義元墓

同じく今川義元の最期の地と伝わる「桶狭間古戦場伝説地」に、1876年（明治9年）に建立された墓。この墓以外にも、1860年（万延元年）に建てられた「今川義元仏式の墓」が現在まで伝わっている。
[愛知県豊明市　栄町南館]

桶狭間《おけはざま》古戦場《こせんじょう》公園

今川義元の最期の地と伝わる古戦場跡。現在は、信長と義元の銅像が建てられ、合戦時の地形や城砦がジオラマ化されるなど、公園として整備されている。公園の東に広がる丘一帯（現在は住宅街）が、義元が休憩していた「桶狭間山」だと言われる。
[愛知県名古屋市　緑区桶狭間北]

清須城

織田信長の居城。「桶狭間の戦い」の時、この城で「敦盛」を舞ってから出陣をし、勝利を収めた。現在の天守閣は、実在した当時を想像して建てられたもの。城跡には合戦当時をイメージして制作された「信長公・濃姫銅像」が建てられている。
[愛知県清須市　朝日城屋敷]

義元公《よしもとこう》首洗いの泉

今川義元の首を洗い清めたと伝わる泉。かつては清水が豊富に湧き出ており、その水の勢いに桶がクルクルと廻っていたことから「桶廻間《おけはざま》」と呼ばれるようになったという。1877年（明治10年）以降に現在の「桶狭間」の表記となった。
[愛知県名古屋市　緑区桶狭間北]

写真提供／豊明市教育委員会（左上）、長谷川ヨシテル（右上、右下、左下）

日本史の実行犯 四

小牧源太《こまきげんた》

「長良川の戦い」弘治2年（1556年）

美濃の蝮《まむし》・斎藤道三《さいとうどうさん》を討ち取った男

どんな人物？

○尾張《おわり》の小牧《こまき》（愛知県小牧市）出身と言われる

○斎藤道三の小姓や馬廻衆を務めた槍の名手だった

○斎藤義龍《よしたつ》（道三の嫡男）に仕えて道三と戦った

ターゲット
斎藤道三《さいとうどうさん》

美濃の戦国大名。父と二代にわたって下剋上《げこくじょう》を起こし、油売り商人から美濃一国を手に入れる。「戦国の梟雄」や「美濃の蝮」と称される。しかし、弘治2年（1556年）の「長良川《ながらがわ》の戦い」で家督を譲った息子の斎藤義龍に敗れ、元近習の小牧源太に討ち取られた。

その他の重要人物

■斎藤義龍
美濃（岐阜県）の戦国大名。斎藤道三の嫡男。美濃守護の土岐頼芸《ときよりあき》の子。「長良川の戦い」で父の道三を討つ。以降は尾張（愛知県）の織田信長と度々合戦を繰り広げるが、永禄4年（1561年）に病死した。

■長井《ながい》忠《ちゅう》左衛門《ざえもん》
はじめは道三に仕え、後に義龍に仕えた。「長良川の戦い」で道三を生け捕りにしようと組み敷くが、小牧源太の横槍が入り失敗。手柄の証拠とするため、道三の鼻を削いで持ち帰った。

■土岐頼芸
美濃（岐阜県）守護の土岐政房の次男。道三に擁立されて、兄の土岐頼純を美濃から追放して守護となる。しかし、道三と対立して敗れて、美濃から追放された。その後、近江（滋賀県）や常陸（茨城県）、上総（千葉県）、甲斐（山梨県）などを流浪した。

■斎藤孫四郎《さいとうまごしろう》
道三の次男。弟の喜平次と共に道三から寵愛され、斎藤家の後継者として考えられた。しかし、廃嫡（後継者から外されること）を恐れた兄の義龍に謀られて稲葉山城で暗殺される。

■斎藤喜平次《さいとうきへいじ》
道三の三男。次兄の孫四郎と共に道三から寵愛を受ける。しかし、長兄の義龍の策略によって、次兄の孫四郎と共に稲葉山城で暗殺された。

戦国の梟雄《きょうゆう》・斎藤道三《さいとうどうさん》を討った無名の荒武者の熱き忠誠心

下剋上によって美濃一国を手に入れた戦国の梟雄・斎藤道三。「美濃の蝮《まむし》」の異名《いみょう》を取る道三は、実の息子である斎藤義龍《さいとうよしたつ》との合戦で最期を迎えました。その時、道三を討ち取った者こそ「小牧源太《こまきげんた》」という無名の荒武者だったと言われているのです。

源太の生年は分かっていませんが、『美濃国諸旧記《みののくにしょきゅうき》』などによると生まれは尾張の小牧（愛知県小牧市）だと言われています。幼少の頃から道三の側近くに仕え、小姓や馬廻衆《うままわりしゅう》を務めた槍の名手だったといいます。道三に武将としての才能を見出された源太は、斎藤家の将来を託《たく》される優秀な若者の一人だったと考えられます。

源太の主君・道三は、一介の僧侶または商人だったとも言われ、武芸と才覚で美濃守護の土岐家の家臣となりました。

主は当時の美濃守護の土岐政房《まさふさ》の次男である土岐頼芸。土岐頼芸は次男であったため、土岐の本家と守護職を引き継ぐことはできず、家督争いの末、跡を継いだのは土岐《とき》頼芸の兄である土岐頼純《よりずみ》でした。

■暗殺を繰り返し、国盗りを成し遂げた道三

ここで道三は策を弄します。なんと家督を継承した土岐頼純に奇襲をかけて美濃から追放し、自分の主である頼芸を土岐家の当主に据え、美濃守護としたのです。

さらに道三の毒手《どくしゅ》は留《とど》まることを知りません。道三と同じく土岐頼芸から信頼を得ていた同僚の長井長弘《ながひろ》を暗殺します。

そして、己の権力が美濃に十二分に浸透した天文11年（1542年）。

道三はついに自分が擁立した美濃守護の土岐頼芸を尾張に追放して、美濃一国の主となったのです。道三は父と2代にわたった国盗りを成し遂げた、まさに下剋上の体現者と言える人物でした。

道三が天文年間（１５３２〜１５５５年）の初期頃から、頼芸の重臣として頭角を現していきました。その頃に、源太が道三の側近になったとすると、源太は１５２０年前後の生まれだったかもしれません。

さて、道三に見出された源太ですが、間もなくして道三の下《もと》を離れてしまいます。源太は道三に見出されたものの、国主の追放やライバルの暗殺など、道三の非道な手段に憤慨《ふんがい》していたことが原因だとされています。

何が正義で何が悪かが分からない乱世の中で、源太は仁徳《じんとく》や正義を大切にしていた人物だったのかもしれません。

■義龍への「後継者外し」

その後、源太が新たに仕えたのは斎藤義龍、道三の長男でした。

義龍と道三は親子でしたが、関係性は激しく冷え込んでいました。実は、義龍は道三の実《じっ》子《し》ではなく、頼芸の御落胤《ごらくいん》（身分の高い男が正妻以外の女にひそかに産ませた子ども）と言われていました。

義龍の母は「美濃一の美女」と称された深芳野《みよしの》で、元々は頼芸の側室でした。後に道三が貰《もら》い受けることとなったのですが、その時に既に、義龍を身籠《みごも》っていたというのです。

道三がこの噂をどこまで信じたかは不明ですが、天文23年（1554年）に一旦《いったん》は家督を義龍に譲ったものの、義龍を「愚か者」と評して廃嫡《はいちゃく》（後継者から外すこと）を画策《かくさく》し始めます。

逆に、確実に実子である次男の斎藤孫四郎《まごしろう》や三男の斎藤喜平次《きへいじ》を「利口者《りこうもの》」として溺愛《できあい》し始め、孫四郎を新たな当主に据《す》えようとしました。

義龍は当然、大いに反発します。この時、源太は既に義龍の家臣となっていたと思われます。

義龍は今の立場を何としても守ろうと、ついに行動に移ります。

弘治元年（1555年）11月12日。義龍は病《やまい》と偽《いつわ》って、道三に寵愛《ちょうあい》される弟の孫四郎と喜平次を居城の稲葉山城に呼び出しました。屋敷に弟たちを招き入れるや否《いな》や、重臣に命じて

2人を誅殺《ちゅうさつ》したのです。

義龍は2人を暗殺した後、父の道三に自《みずか》ら使者を送って報告をしました。道三は驚き、急いで兵を集めて城下町を焼き払って、長良川を渡り、大桑城《おおがじょう》(岐阜県山県市)に逃れました。

こうして、長良川を挟んだ道三と義龍の親子の骨肉《こつにく》の死闘は避けられない状況となりました。

■複雑な想いを抱える源太

そして年が明け、時は弘治2年(1556年)4月20日を迎えます——。

決戦日の2日前、大桑城から出陣した道三軍は、稲葉山城の眼下に位置する鷺山城(鷺山城ではなく、鶴山という小山だったとも)に着陣していました。

機会をうかがっていた道三は、義龍が長良川の南岸に兵を動かしたのを確認すると、鷺山城から出陣して長良川の北岸に着陣しました。

両軍は長良川を挟んで対峙し、義龍軍の突撃と共に決戦が始まりました。いわゆる「長良川の戦い」です。

源太「大殿の振る舞いは非道であった。しかし、大殿を他の者に討たせてたまるか！」

源太はこの時、道三への恩義を感じながらも、義龍の軍勢に加わっていました。道三の首を自分以外の者に取らせないために。

この戦、始まる前から義龍軍が有利と見て取れました。なぜなら、義龍軍は2万という大軍だったのに対し、道三軍はわずか2000余りだったのです。

しかし、百戦錬磨《ひゃくせんれんま》の道三でした。道三軍は寡兵《かへい》（少数の軍兵）ながら、義龍軍の先方であった竹腰道鎮《たけのこしどうちん》を討ち取り、一騎打ちを挑んできた義龍軍の長屋甚右衛門《じんえもん》も、道三軍の柴田角内《かくない》が討ち取るなど、緒戦を優位に進めました。

源太「さすがは大殿《おおとの》じゃ……」

美濃国主までのし上がった道三の軍法は、やはり見事でした。

しかし、さすがに多勢に無勢――。
道三軍は徐々に崩れ始め、その多くが討ち死にし、道三の周りにはわずかな近習を残すのみとなりました。

道三「城田寺《きだいじ》へ逃れ、そこで腹を切る」

近習たちにそう告げると、道三は鷺山城の北にある城田寺へ落ち延《の》びようとしました。ところが、そこへ義龍軍の武士数名が道三を必死に追いかけてきました。

「生け捕りにして義龍様の御前に引き立てるのだ！」

義龍軍の長井忠左衛門《ちゅうざえもん》が生け捕りにするために、道三に襲い掛かって組み敷きました。

道三「下郎《げろう》め！」

道三は必死に抗いますが、六十三になる老人の力ではどうしようも出来ません。忠左衛門が道三に縄をかけようとした、その時でした――。

■突如現れたのは……

「退《の》け！」

その場に駆け付けた源太が、忠左衛門と道三を斬り付けました。その一刀は忠左衛門をかすめ、道三の脛《すね》を薙《な》ぎました。

忠左衛門「何をする小牧殿！」

驚いたのは忠左衛門でした。自分が生け捕りにしようとしていたにもかかわらず、道三もろとも斬られそうになったのです。思わず、道三から身を離しました。

源太「大殿はそれがしが討ち取る！」

脛を斬られた道三は、満身創痍《まんしんそうい》ながら何とか顔を上げ、眼前の荒武者と目を合わせました。

道三「久しいの、源太……。介錯《かいしゃく》を、頼む」

源太は無言で深く頷《うなず》き、刀を上段に構えました。

源太「大殿、お世話になり申した！」

刀が振り下ろされ、道三の首が胴から離れました。これが、国盗りを成し遂げた戦国の梟雄の最期でした。

道三の首は義龍の下へ運ばれた後、長良川の河原に晒《さら》されました。

ところがある日、不思議なことが起きました。なぜか道三の首は長良川から消えてしまったのです。

源太「大殿の斯様《かよう》な姿など、見とうはない！」

主従の恩義を捨てきれず、道三の無残《むざん》な姿に心を痛めた源太が、密《ひそ》かに長良川から道三の首を運び出し、土中に埋めて葬《ほうむ》っていたのです。

源太が道三の首を埋めたと言われる「斎藤塚」は、かつては崇福寺の西南に設けられたものの、長良川の洪水によって度々流されました。

そのため、江戸時代後期の天保8年（1837年）に斎藤家の菩提寺である常在寺の住職によって現在の場所に移され、今も「道三塚」として大切に保存されています。

長良川の戦いで第一の武功を挙げた源太ですが、なぜかこの合戦以降の動向は伝わっていません。「恩義ある道三の菩提《ぼだい》を弔《とむら》うために、仏門に入って修行に出た」のではないかと、ついつい妄想してしまいます。

現代に残る実行犯ゆかりの史跡

稲葉山城から見た長良川と鷺山城《さぎやまじょう》

稲葉山城の城下には「日本三大清流」の一つの長良川が流れ、天然の要害となっている。奈良時代から続く「鵜飼《うかい》」が有名である。川を挟んで遠くにかすんで見える小高い山が、隠居した道三が居城としたという鷺山城である。
[岐阜県岐阜市　金華山天守閣]

稲葉山城（岐阜城）

斎藤道三、子の義龍、孫の龍興《たつおき》の3代の居城。龍興の時に、織田信長に攻め落とされて信長の居城となり「岐阜城」と改名された。標高329mの稲葉山（金華山《きんかざん》）に築かれた山城《やまじろ》である。
[岐阜県岐阜市　金華山天守閣]

鷺山城《さぎやまじょう》

家督を斎藤義龍に譲った道三の隠居城。築城は鎌倉時代初期とされ、室町時代には美濃守護の土岐一族の居城となっていた。その後に入城した道三は、この地を拠点にして稲葉山城を居城とする息子の義龍と戦った。道三の討ち死に後に廃城となったという。
[岐阜県岐阜市　鷺山]

道三塚《どうさんづか》

道三を祀《まつ》った塚。源太が築いた塚（当初は「斎藤塚」と呼ばれていたという）は、今よりも長良川寄りにあった。しかし、度重なる洪水で流されたため天保8年（1837年）に現在の場所へ移された。稲葉山城と鷺山城の中間付近に位置する。
[岐阜県岐阜市　道三町]

写真提供／アフロ（右下）、長谷川ヨシテル（右上、左上、左下）

日本史の実行犯 五

鳥居三左衛門《とりいさんざえもん》

「野田城の戦い」元亀4年（1573年）

「甲斐《かい》の虎」武田信玄《たけだしんげん》を狙撃した男

どんな人物？

○三河《みかわ》（愛知県）の野田城主の菅沼定盈《すがぬまさだみつ》に仕えた鉄砲の名手
○徳川家の譜代家臣の鳥居家の一族の出身と言われる
○三河に侵攻してきた武田信玄の狙撃を試《こころ》みる

ターゲット
武田信玄《たけだしんげん》

甲斐、信濃の戦国大名。「甲斐の虎」と称される。元亀3年（1572年）に大軍を率いて西上し「三方ヶ原の戦い」で徳川家康に大勝し、翌年には三河に侵攻して野田城を包囲。しかし、病が悪化して死去。野田城で鳥居三左衛門に狙撃された傷が死因という逸話が残る。

その他の重要人物

▌菅沼定盈
徳川家の家臣。家康の三河統一と遠江進出に貢献した。元亀4年（1573年）に武田信玄に居城の野田城を攻められ、1ヶ月にわたる籠城戦を繰り広げる。後に「長篠の戦い」で活躍。子孫は江戸幕府で大名を務めた。

▌村松芳休《ほうきゅう》
伊勢国山田（三重県伊勢市）出身の笛の名人。異名は「小笛芳休」。笛の指南のために野田城を訪れ、そのまま籠城。毎晩、櫓《やぐら》で笛を演奏して敵味方を魅了したという。

落城寸前！無名の男が稀代《きだい》の名将に致命傷を与えた

「甲斐《かい》の虎」と恐れられた武田信玄《たけだしんげん》——。

一代にして、甲斐、信濃《しなの》、駿河、上野《こうずけ》、遠江《とおとうみ》、三河、美濃の一部を手に入れた稀代の名将は、天下に号令を下す野望を果たす目前で、突然の最期を遂げます。

一般的には病死であったと言われていますが、実は一発の銃弾による傷が原因で亡くなったという説も残されています。

その銃弾を放ったと言われる人物こそ「鳥居三左衛門《とりいさんざえもん》」という無名の武将だったのです。

三左衛門の生年や出自などは分かっていません。その名字から、徳川家（松平家）の譜代家臣である「鳥居」家の一族であると考えられます。鳥居家の中では「関ヶ原の戦い」の前哨戦《しょうせん》の「伏見城《ふしみじょう》の戦い」で城代《じょうだい》として籠城して討ち死にした鳥居元忠《もとただ》などが有名です。

三左衛門は縁あって、野田城《のだ》（愛知県新城市《しんしろ》）の城主である菅沼定盈に仕えました。鉄砲の名人だったと言われているので、その腕を買われたのかもしれません。

■野田城、絶体絶命のピンチ！

そして、時は元亀4年（1573年）2月9日――。

三左衛門が入る野田城を、2万5千とも言われる武田信玄の大軍が包囲してからおよそ1ヵ月が経っていました。城兵はわずか400でありながら、よく持ち堪《こた》えていました。

そこで信玄は味方の兵の犠牲を避けて力で攻め落とすことを止め、数日前から金山衆《かなやましゅう》に抜け穴を掘らせて野田城の井戸水を断つ作戦（兵糧《ひょうろう》攻《ぜ》め）に出ていました。

三左衛門「このままでは城が落とされてしまう。その前に何とかしなくては……」

三左衛門がいくら嘆こうとも、野田城兵にとって戦況は悪化の一途《いっと》を辿《たど》っていました。この日も、大きな戦いはなく日が暮れていきました。野田城の落城は目前に迫っていました。

『菅沼家譜《すがぬまかふ》』などによると、日が暮れた野田城には、戦場の疲れを癒やす笛の音が、この夜も響き渡っていたといいます。伊勢の山田（三重県伊勢市）出身で「小笛芳休」の異名をとる村松芳休という笛の名人がたまたま籠城しており、戦が始まってから毎晩笛を吹いていました。その音色は、味方だけでなく敵すらも魅了したといいます。

三左衛門「いよいよ今宵が最後の笛の音かもしれぬ……」

三左衛門が笛の音に聞き入っていると、城の堀の対岸の崖の上に見慣れぬ白い何かが目に入りました。

三左衛門「あれは何じゃ?」

三左衛門が目を凝《こ》らすと、それは竹を数本立てて紙を周囲に張った急造の陣幕《じんまく》のようなものであることが分かりました。その中や周囲に人の気配はしません。

■脳裏《のうり》に浮かんだのは……

三左衛門「あの幕の中で誰かが芳休殿の笛を聞くのか。城に近づいて笛を楽しむとは、豪気《ごうき》で風流な者が敵陣にはいたものじゃ」

豪気で風流な者――。三左衛門の頭の中に、ある一人の人物が浮かび上がりました。

三左衛門「いや、まさか、その御仁《ごじん》とは……。しかし、そのようなことがあるはずはない」

陣幕に背を向けた三左衛門はその場を後にしようとしましたが、鉄砲を強く握り締め、振り返りました。

三左衛門「いや、城は明日にでも落ちる！　出来る限りの策は打っておこう!!」

三左衛門は陣幕を訪れた者を狙撃するために、張った陣幕を支える竹を目印に鉄砲を仕掛け、その場で待つことにしました。

しばらくすると、堀の向こうに人声が聞こえ始め、その人声は陣幕の中に集まりました。

三左衛門が耳を凝らすと、中からは太く力強い声が聞こえてきます。

「明日が最期の日だと覚悟して吹いているようだ。当世の笛の上手で、これに過ぎる者はいないであろうな」

三左衛門は、かすかに声が聞こえてくる陣幕の中心に鉄砲の標準を合わせました。そして、笛の音に添うように静かに引き金を引きました。

――――!!!

一発の銃声が響き渡り、辺《あた》りは騒然となりました。

「何事だ！」
「夜討ちか！」
「暴発か！」

混乱が起き、芳休の笛の音もいつの間にか止まっています。その喧騒《けんそう》の中に紛れた一つの叫び声を三左衛門は聞き逃しませんでした。

「た、大将が撃たれた!!!」

その声は陣幕の中にいた武田軍から聞こえたものでした。武田軍は混乱をきたし、慌ててその場を退《しりぞ》いていきました。三左衛門はその様子を見て確信しました。

三左衛門「わしは武田家の大将を撃ったのだ……。わしは武田信玄を撃ったのだー!!」

■2ヶ月後、信玄が最期を迎える

『東参名勝案内』などによると三左衛門の銃弾は信玄の左頬を撃ち抜いたと言われています。

ところが、信玄を狙撃したものの戦況は好転せず、城主の菅沼定盈は武田軍に降伏して城は明け渡されました。野田城を落とした信玄は、さらに西へ進むと思われましたが、なぜか自国に引き返します。

『松平記《まつだいらき》』（坪井九馬三、日下寛編、青山堂雁金屋）などによると、三左衛門が放った銃弾によって重傷を負った武田信玄は、およそ2ヶ月後の4月12日にその銃創《じゅうそう》が原因で亡くなったと言われているのです。

信玄を失った武田家は西上作戦を中止し、その2年後に起きた「長篠《ながしの》の戦い」で惨敗するなど徐々に求心力を失い、最終的に織田信長や徳川家康らの「甲州征伐」によって、滅亡に追い込まれることとなりました。

「野田城の戦い」の後の鳥居三左衛門の詳しいことは分かっていません。

しかし、野田城跡の向かいの崖の上には武田信玄が狙撃されたと伝わる「笛聞場」が残り、野田城跡には三左衛門が信玄を撃った「伝・信玄公狙撃場所」が残されています。そして、狙撃時に使ったと伝わる「信玄砲」が設楽原《したらがはら》歴史資料館に現存しています。

また、かの有名な黒澤明監督による映画『影武者』は、三左衛門の信玄狙撃説を題材とした名作です。

現代に残る実行犯ゆかりの史跡

信玄砲

鳥居三左衛門が信玄を狙撃した時に使用したと言われる火縄銃。木部が失われたものの銃身は残されて宗堅寺《そうけんじ》(新城市)に伝わり、現在は「設楽原歴史資料館」に保存されている。
[愛知県新城市　竹広信玄原]

野田城

永正5年(1508年)に菅沼定則《さだのり》によって築城。その後、子の定村《さだむら》、孫の定盈の3代の居城となった。当初は今川家の支配下だったが、「桶狭間の戦い」以降は徳川家に帰属。武田家や今川家から度々攻撃を受け、争奪の的となった。
[愛知県新城市　豊島本城]

武田信玄公墓所

武田信玄を火葬したと伝わる地。信玄が「自分の死を3年間隠すように」と遺言したため、重臣の土屋《つちや》昌次《まさつぐ》の屋敷だったこの地で密かに仮埋葬(3年後に恵林寺《えりんじ》に埋葬)されたという。信玄が没した駒場にある長《ちょう》岳寺《がくじ》などにも信玄火葬の伝承が残されている。
[山梨県甲府市　岩窪町]

笛聞場

武田信玄が狙撃されたと伝わる場所。野田城から約80m離れた、城と向かい合う崖の上に位置する。信玄はこの場所に笛の音を聞きに来たところを城兵の鳥居三左衛門に狙撃されたと言われる。
[愛知県新城市　豊島本城]

写真提供／新城市設楽原歴史資料館(左上)、長谷川ヨシテル(右上、左下)

日本史の実行犯 六

大坂新助《おおさかしんすけ》

「長篠の戦い」天正3年(1575年)

武田四天王・山県昌景《やまがたまさかげ》を狙撃した男

どんな人物?

○上方に住んでいたがトラブルで三河(愛知県)を訪れる
○徳川家に仕えて「大剛の勇士」と称《たた》えられた鉄砲の名人
○「大坂の陣」でも武功を挙げたと言われる

ターゲット
山県昌景《やまがたまさかげ》

武田家の重臣。「武田四天王」や「武田二十四将」の一人。家中の軍装を赤一色に統一し「赤備え」として恐れられた。赤備えは後に井伊直政や真田幸村に継承された。天正3年（1575年）に「長篠の戦い」で、徳川家の大坂新助に狙撃されて討ち死にしたという。

その他の重要人物

徳川家康

三河（愛知県）の戦国大名。「桶狭間の戦い」を契機に今川家から独立。「長篠の戦い」で織田信長と共に武田勝頼を破った。信長の没後は秀吉に臣従。秀吉の死後の「関ヶ原の戦い」で勝利を収めた後、征《せい》夷《い》大将軍《たいしょうぐん》となって江戸幕府を開いた。

武田勝頼《かつより》

甲斐（山梨県）の戦国大名。武田信玄の四男。父の死後に武田家を継承するが「長篠の戦い」で大敗を喫する。徐々に求心力を失い、天正10年（1582年）に織田信長や徳川家康に攻められ、天目山《てんもくざん》で自害。武田家は滅亡した。

志村又《また》右衛門《えもん》

山県昌景の家臣。「長篠の戦い」で討ち死にした主君の首を掻いて、甲斐に持ち帰る。その際、残された胴体には供養を依頼した書状と短刀を据えたという。

羽柴秀吉（豊臣秀吉）

織田信長の重臣。近江（滋賀県）の浅井家攻めで武功を挙げ、長浜《ながはま》城（滋賀県長浜市）の城主となる。「長篠の戦い」に従軍。信長の死後に台頭し、諸大名を服従もしくは滅亡させ、天下統一を成し遂げた。

武田家屈指の名将が、長篠の戦いで銃弾に倒れる

武田信玄の股肱《ここう》の臣《しん》として勇名を馳《は》せ、「武田四天王」や「武田二十四将」に名を連ねた山県昌景《やまがたまさかげ》。

赤で軍装を統一した「赤備え」の部隊を率いて「三方ヶ原の戦い」など多くの合戦で武功を挙げた武田家屈指の名将でした。

しかし、山県昌景は「長篠の戦い」での激闘の最中、一発の銃弾により討ち死にを遂げてしまいます。その銃弾を放った人物とされるのが「大坂新助《おおさかしんすけ》」という徳川家の家臣だったのです。

新助の詳しい出自《しゅつじ》や経歴はほとんど分かっていませんが、徳川家に仕える前は上方に住んでいたといいます。この時、どの大名家に仕えていたかは不明ですが、鉄砲の名人であると共に、剛気な人物として知られていました。

しかし、ある夜のこと。新助は寝入っている間に盗人に寝所に忍び込まれ、枕元に置いた刀と脇差《わきざし》を盗《と》られてしまいます。この一件があって以来、新助は世間から「男の不面目《ふめんぼく》であ

る」と陰口をたたかれ、勇ましさで知られた新助の評価は、一転して急降下してしまいました。

この悪評を受けて、新助は決意を新たにします。

新助「知っていて刀を盗られたなら、だらしない男と言われもしよう。寝入っているうちに盗られたのに、どうして恥ずかしいことがあろう。だらしない男という噂ならば、そんなことを言われない方へ行って奉公《ほうこう》しよう」

上方を離れた新助が向かった先は三河（愛知県）でした。

これがいつ頃のことかは分かりませんが、おそらく既に徳川家康が国主として君臨《くんりん》していた時期だと思われます（「徳川」と改姓するのは1566年なので、まだ「松平」の時期の可能性もあり）。

徳川家に仕えることが出来た理由も不明ですが、徳川家には京都の足利将軍家に仕えていた由緒《ゆいしょ》ある服部家（伊賀《いが》が出自の服部半蔵《はっとりはんぞう》の家系）が家臣にいたり、三河には摂津《せっつ》（大阪府）の石山本願寺が本拠地である一向《いっこう》宗の勢力が強かったり、徳川家康が「松平」から「徳川」

に改姓するために京都の朝廷と度々交渉に当たったりするなど、上方との繋《つな》がりが少なからずあったので、そういったパイプを用いたのかもしれません。

徳川家からしてみても、上方の情勢を知り、当時の最先端の武器であった火縄銃の扱いに長《た》けていた新助を家臣とすることは大きなメリットがあったことでしょう。

こうして新助は、永禄3年（1560年）の「桶狭間の戦い」での今川義元の討ち死にを機に独立を果たし、三河を平定《へいてい》した新興勢力の徳川家の家臣となったのでした。

■武田信玄に惨敗した徳川家康

徳川家康は三河を平定して後に遠江《とおとうみ》（静岡県）に領地を広げ、元亀元年（1570年）の「姉川《あねがわ》の戦い」では浅井・朝倉家の連合軍に勝利を収めた一方で、元亀3年（1572年）に起きた「三方ヶ原の戦い」では甲斐（山梨県）・信濃（長野県）を領する武田信玄に惨敗を喫しました。

この戦に前後して、武田家は、二俣《ふたまた》城や野田城など徳川家の諸城を瞬《また》く間に落としていっています。その中で柿本《かきもと》城や井伊谷《いいのや》城、伊平《いだいら》城などを落城させる目覚ましい活躍をしていたのが山県昌景でした。

これらの合戦での新助の動向は分かりませんが、徳川軍の一員として従軍していたかもしれません。

さて、「三方ヶ原の戦い」の直後に武田信玄が病死（狙撃が原因とも。72〜81ページ「鳥居三左衛門」参照）したものの、その跡を継いだ武田勝頼は父の信玄と同様に徳川家の領地に攻め込んできました。

その標的となったのが高天神城《たかてんじん》（静岡県掛川市）でした。この城は遠江における徳川家の重要な軍事拠点で、武田家と徳川家がこの城を巡って激しい争奪戦を度々繰り広げていました。

天正2年（1574年）に武田勝頼は、父の武田信玄が落とせなかったこの城を、ついに落城させることに成功します。

■長篠城を攻めるも、奇襲にあう

遠江を掌握《しょうあく》した武田勝頼が次なる標的としたのが、三河の長篠城（愛知県新城市）でした。この城は遠江との国境にある、高天神城と同様に武田家と徳川家が激しく奪い合った城です。

当初は徳川家に属していたものの、武田信玄の侵攻を受けて武田家に属しました。しかし、武田信玄が亡くなるとすぐに徳川家康が攻め落とし、再び徳川家に属する城となっていました。

天正3年（1575年）4月、武田勝頼は1万5千の大軍を率いて三河への侵攻を本格的に始め、5月にはとうとう長篠城を取り囲みました。長篠城に籠《こも》る徳川軍は、わずか500。落城は眼前に迫っていました。

長篠城を落とされてしまっては、徳川家の三河の支配体制が揺るぎかねません。そこで徳川家康は8000の徳川軍に加え、援軍を依頼した同盟相手の織田信長の3万の大軍と共に長篠城の救援に向かいました。

5月18日、長篠城から4㎞ほど西にある設楽原《したらがはら》に到着した徳川・織田連合軍は、その場に陣を設けて馬防柵《ばぼうさく》を築きました。その中に新助の姿もありました。

さらに、5月20日の深夜、織田信長は徳川家の重臣の酒井忠次《さかいただつぐ》に命じて、長篠城を取り囲む武田家の拠点である「鳶ケ巣砦《とびがす》」を奇襲によって攻め落とし、武田軍の退路を脅《おびや》かすことに成功しました。

■「待つ戦」を提案するが……

この砦の落城によって武田軍では、今後の方針を巡《めぐ》って意見が大きく割れました。それは「徳川・織田連合軍と一戦を交《まじ》えるか否《いな》か」ということでした。山県昌景ら家老たちは「御一戦なさること、御無用なり」と断固として反対したものの、武田勝頼は「明日の合戦、止《や》めらるまじき（止められない）」と決断したため、武田軍は長篠城の押さえとして残した3000の兵を除く12000の軍勢を決戦の地の設楽原に向かわせることになったのです。

そして、時は1575年（天正3年）5月21日を迎えます――。

この日の明け方、山県昌景は出陣前に武田勝頼の許へ向かいました。勝つための戦術を武田勝頼に提言するためでした。

昌景「合戦をなさろうということならば、この上は御止《おと》めいたしません。ただ、こちらから攻め立てる戦いだけはなさるべきではないと思います。敵に滝川（現・寒狭川《かんさがわ》）を渡らせて、それを待ち受けて合戦なさるがよろしゅうございます」

これに対して武田勝頼は、

勝頼「いくつになっても、命は惜《お》しいものだろうな」

と嘲笑《あざわら》い、聞く耳を持ちません。激怒した山県昌景は「最期の盃《さかずき》」を武田勝頼に進上して、

昌景「我らも戦死をいたす決意ですが、御屋形（武田勝頼）も戦死あそばされましょう」

と言い残して退出し、馬に乗って兜の緒を締めて、周囲の家老たちと「ここで討ち死にを」と覚悟を決めて、ただちに戦場に向かいました。

■馬防柵をめぐり一進一退

世に言う「長篠（設楽原）の戦い」は、この日の早朝から始まりました。

序盤は武田軍が激しく攻め立て、馬防柵の外に陣を張っていた徳川・織田連合軍を柵の内

側に追い込むなど武田軍が優勢に進めました。

この戦で山県昌景の「赤備え」１５００騎が相手としたのが、新助が属していた徳川軍でした。決死の攻撃を仕掛けた山県昌景は徳川軍を後退させたものの、潰走させるまでには至りません。

そこで山県昌景は武田軍の陣の左翼に回って、柵のない部分から徳川軍の陣地に攻め込もうと考えました。

徳川家康はこの作戦を見破り、山県昌景の軍勢を柵の内側へ入れさせないようにただちに命令を下しました。こうして、馬防柵を巡って両軍の一進一退のせめぎ合いが続きます。

そういった中で「馬防柵を破られてはならない」と、柵の補修を家臣に任せず率先して自分で行う、名のありそうな武将（羽柴秀吉だったと言われる）の姿が徳川・織田連合軍にありました。これを見た山県昌景は、

昌景「あの武者はただの雑兵《ぞうひょう》ではあるまい！　あれを討て！」

と下知して、馬上に立ち上がりました。まさに、その瞬間でした――。

■即死でも馬から落ちず

一発の銃声が鳴り響き、銃弾は鞍の前輪《まえわ》から馬上の山県昌景を撃ち抜いていきました。

銃声の主は、鉄砲の名手・大坂新助。

新助は「赤備え」を率いる大将と思しき人物の一瞬の隙《すき》を狙い、見事に狙撃することに成功したのです。山県昌景は背丈が低い人物だったと言われているので、馬上に立ち上がる頃合《ころあ》いを見計らっていたのかもしれません。

新助の銃弾を受けた山県昌景は即死だったにもかかわらず、馬からは落ちずに采配《さいはい》を口に加え、両手で鞍《くら》の輪を押さえたまま亡くなったことで、「大剛《だいごう》の勇士」と讃《たた》えられたといいます。

山県昌景の家臣の志村又右衛門は、すぐに主

人の亡《な》き骸《がら》に駆け寄り、敵に首を渡してなるものかと自身で主君の首を掻き、甲斐に持って帰りました。

その際に、首のない主人の亡《な》き骸《がら》の供養《くよう》をお願いする旨《むね》の書状に短刀の「小烏丸」を添えて置いたといいます。

合戦後、現地の村人は書状の通りに山県昌景の亡き骸を陣地の横に埋葬し、丁重《ていちょう》に弔ったそうです。その墓の横には松が植えられ「胴切松」と呼ばれていましたが、昭和のはじめ頃に枯死《こし》をしてしまいました。

現在、昌景の埋葬地とされる場所には「山縣三郎兵衛昌景之碑」が建てられ、付近の地名の「山形」は山県昌景に由来するものだとされています。

また、短刀の「小烏丸」はこの地域の庄屋の峰田家に長く所蔵されていましたが、太平洋戦争の時に供出《きょうしゅつ》され、その後は行方不明になっています。

■衰退する武田家、そして滅亡

「長篠の戦い」では、新助による山県昌景の狙撃をはじめ、武田軍は織田・徳川連合軍の火縄銃に苦しめられ、武田家は多くの重臣たちを失いました。

主だった武将には山県昌景と同じく武田四天王に名を連ねる「馬場信春《のぶはる》」と「内藤昌豊《まさとよ》」や、真田昌幸《まさゆき》（信繁《のぶしげ》の父）の兄にあたる「真田信綱《のぶつな》」と「真田昌輝《まさてる》」などがいます。

この敗戦によって武田家は求心力を失っていき、天正10年（1582年）3月に滅亡を迎えることになりました。

一方、山県昌景を狙撃した新助のその後は「大坂の陣で武功を挙げた」という大まかなこと以外は分かっていません。その「大坂の陣」では、山県昌景の軍容を継承する真田信繁（幸村）の「赤備え」が徳川軍に猛威を振るいました。

特に「大坂夏の陣」では、真田信繁の軍勢が徳川家康の本陣に三度にわたって突撃し、「三方ヶ原の戦い」以来、倒れることのなかった馬印が倒されたといいます。

新助がそれを見たとしたら、「長篠の戦い」の光景が目に浮かんだことでしょう。ひょっとすると、あの時のことを思い出し、山県昌景の時と同じように赤備えの継承者である真田信繁（幸村）を狙撃しようと、火縄銃を構えていたかもしれません。

現代に残る実行犯ゆかりの史跡

徳川家康本陣跡

家康は弾正《だんじょう》山に本陣を張り、東を流れる連吾川《れんごがわ》を挟んで武田軍と対峙したという。本陣跡には八剱《やつるぎ》神社が建ち、本陣の東端には家康が陣頭指揮を執《と》ったという「家康物見塚」が伝わっている。
[愛知県新城市　竹広]

山縣三郎兵衛昌景之墓

銃弾を受けて討ち死にした昌景が埋葬されたと言われる場所。首は家臣の志村又右衛門が持ち去り、この地には胴だけが埋められたという。この付近の地名である「山形」は山県に由来すると言われる。
[愛知県新城市　竹広]

長篠城

豊川と宇連川が合流する断崖絶壁に築かれた城。「日本100名城」の一つ。信玄の死後に徳川家康が支配下とすると、信玄の跡を継いだ武田勝頼が奪還を図って城を包囲。これに対し、家康と織田信長が援軍に訪れて「長篠の戦い」が勃発《ぼっぱつ》した。
[愛知県新城市　長篠]

長篠古戦場・馬防柵

「長篠の戦い」の激戦地となったとされる場所には、織田・徳川軍が武田軍を迎え撃つために築いたという馬防柵が復元されている。この柵に鉄砲隊を並べて、武田軍を大量の火縄銃で狙い撃ったと言われている。
[愛知県新城市　竹広]

写真提供／長谷川ヨシテル

日本史の実行犯 七

柏《かしわ》木《ぎ》源《げん》藤《とう》

「関ヶ原の戦い」慶長5年（1600年）

関ヶ原で
徳川四天王・井《い》伊《い》直政《なおまさ》を
狙撃した男

どんな人物？

○薩摩（鹿児島県）の島津家の家老の川上忠兄《かわかみただよし》に仕える
○「関ヶ原の戦い」の「島津の退《の》き口《ぐち》」で武功を挙げる
○退き口で活躍したが、戦後に逼迫《ひっぱく》して町人となり子孫は断絶した

ターゲット
井伊直政《いいなおまさ》

徳川家康の重臣。「徳川四天王」や「徳川十六神将」の一人。武田家滅亡後にその旧臣たちを家臣として「赤備《あかぞな》え」を組織。「井伊の赤鬼」と恐れられた。慶長5年（1600年）の「関ヶ原の戦い」で島津家の柏木源藤に狙撃され、その傷が原因で2年後に没したという。

その他の重要人物

■島津義弘《よしひろ》

薩摩（鹿児島県）の武将。兄の島津義久と共に九州をほぼ統一する。秀吉に服従後は「朝鮮出兵」で活躍。「関ヶ原の戦い」では西軍に属し、「島津の退き口」と呼ばれる敵中突破で戦場から離脱した。

■島津豊久《よしひさ》

義弘の甥。「島津の退き口」で義弘を落ち延びさせるため、殿軍《しんがりぐん》を務めて討ち死にした。

■長寿院盛淳《ちょうじゅいんもりあつ》

島津家の重臣。「島津の退き口」で義弘の陣羽織をまとって影武者となり、討ち死にした。

■川上忠兄

島津家の重臣。柏木源藤の主君。「島津の退き口」で奮戦し、「小返《こがえ》し五本鑓《ごほんやり》」の一人に数えられた。

■松平忠吉《ただよし》

徳川家康の四男。初陣の「関ヶ原の戦い」で井伊直政の後見の下、先陣を務めた。戦後に52万石の大名となるが、関ヶ原で負傷した傷がもとで慶長12年（1607年）に病死した。

■本多忠勝《ただかつ》

徳川家の重臣。「徳川四天王」の一人。「姉川の戦い」や「伊賀越え」など家康の側近として活躍。「関ヶ原の戦い」では、愛馬の三国黒《みくにぐろ》を島津軍に狙撃され落馬したという。

前代未聞の敵中突破大作戦！主君思いの家臣が成した、知られざる武功

徳川家康の重臣として活躍し「徳川四天王」に名を連ねる井伊直政《いいなおまさ》。赤い甲冑を身にまとった「赤備え」の軍勢を率いて「小牧・長久手の戦い」などで武功を挙げた直政は「井伊の赤鬼」と恐れられました。その後、初代彦根藩主となりますが、「関ヶ原の戦い」で受けた銃創が原因で亡くなってしまいます。

その銃弾を放った人物こそ「柏木源藤《かしわぎげんとう》」という薩摩隼人《はやと》だったのです！

源藤は天正7年（1579年）に生まれました。出自《しゅつじ》や幼少期の詳しいことは分かりませんが、成年してからは川上忠兄《かわかみただよし》に仕えたといいます。

川上家は島津家の重臣の家柄で、川上忠智《ただとも》（忠兄の父）は島津義弘《しまづよしひろ》（島津家当主の島津貴久の次男）の家老を務める人物でした。つまり源藤は、島津一族の家老の家臣、陪臣《ばいしん》（家臣の家臣）ということになります。

島津家は天正15年（1587年）に豊臣秀吉による「九州征伐」で降伏して秀吉に仕え、

天正20年（1592年、同年12月に「文禄」に改元）からの始まった2度の「朝鮮出兵」に従軍しています。

この時、源藤が仕えた川上忠兄は朝鮮半島に渡って戦っているので、19歳となって元服も終えたであろう源藤は、慶長2年（1597年）の2度目の出兵には従っていたかもしれません。

源藤がはっきりと歴史上に名を残した戦は1つのみです。それが天下分け目の「関ヶ原の戦い」でした。

■関ヶ原の戦いはどうして起きた？

慶長3年（1598年）に豊臣秀吉が亡くなると、豊臣政権は分裂をし始め、五大老の筆頭である徳川家康が台頭していきました。

まず家康は、五大老の前田利長《としなが》（利家《としいえ》の嫡男）に「謀反の疑いあり」として前田家を攻める動きを見せました。実母であるまつ（芳春院《ほうしゅんいん》）を人質として江戸に送って、家康に臣従する道を選びました。

前田家を従えた家康は、五大老の上杉景勝《うえすぎかげかつ》も同様に謀反の疑いを掛けて臣従させようとしました。

しかし、上杉家は前田家と異なり「直江状《なおえじょう》」で家康に徹底抗戦を表明したため、家康は全国の諸大名を率いて上杉家の領地の会津を目指しました。

ところが、下野《しもつけ》国から小山《おやま》まで軍を進めてきた時、畿内で石田三成《みつなり》が家康打倒の兵を挙げたため、家康はいわゆる「小山評定《おやまひょうじょう》」を開いて、率いている武将たちを味方につけると、軍を反転させて畿内へと向かいました。

そして、家康率いる東軍と三成率いる西軍は、美濃の関ヶ原で決戦となったのです。

■東軍の予定が、やむなく西軍に

この時、22歳になった源藤は主君の川上忠兄に従い、島津義弘の軍勢に加わっていました。島津家は当初は東軍に付く予定であり、家康の家臣が籠城していた伏見城に入城しようと思ったのですが、手違いがあって入城できませんでした。

周囲は西軍の軍勢が取り囲んでいたため、島津隊は仕方なく西軍に味方することになったのでした。

島津隊は、およそ3000(一説には1500とも)。少ない軍勢ながらも『吉川広家書状《きっかわひろいえしょじょう》』

に「ゑり勢三千人」とあるように、選《よ》りすぐりの精鋭部隊だったといいます。

また、島津義弘を慕《した》う家臣たちは、わざわざ国許《くにもと》(故郷)の薩摩から駆け付けて加わったそうです。源藤もこの軍勢にいたということは、島津家の勇猛果敢《ゆうもうかかん》な兵の一人だったのでしょう。

島津隊は、西軍を率いる石田三成に従って、関ヶ原の東にある大垣《おおがき》城（岐阜県大垣市）に入城しました。

それに対して家康は、9月14日に赤坂の岡山（岐阜県大垣市赤坂町）の本陣に入っています。ここで家康は、さらに西に向かい三成の居城である佐和山《さわやま》城（滋賀県彦根市）や西軍の本拠地である大坂城（大阪府大阪市）を狙う動きを見せました。

これを防ごうと三成は、島津隊をはじめとする西軍を率いて先回りをして関ヶ原に陣を敷き、東軍を待ち構えたのです。源藤も島津隊の一員として、笹尾《ささお》山（石田三成の陣）の南、天満《てんま》山（宇喜多秀家の陣）の北に置かれた、島津の本陣に詰めたのでした。

■一発の銃声とともに開戦

そして、時は慶長5年（１６００年）9月15日を迎えます――。

濃霧《のうむ》の中、辰《たつ》の刻（午前8時頃）に一発の銃声で戦いの幕は切って落とされたといいます。銃弾を放ったのは、この戦が初陣《ういじん》の松平忠吉《ただよし》と、その舅《しゅうと》で後見役《こうけんやく》を務めた井伊直政でした。東軍の先陣は福島正則《まさのり》と決まっていたのですが「家康の息子の初陣を立派に飾るため」もしくは「先陣を徳川家以外の者に譲らないため」に、井伊直政が福島正則を欺《あざむ》いて強引に先陣を務めたと言われています。

開戦直後、両軍は一進一退の攻防を見せました。西軍の石田三成の軍勢は、東軍の黒田長《なが》政《まさ》と細川忠興《ただおき》らの軍勢と、宇喜多秀家《うきたひでいえ》の軍勢は福島正則らの軍勢と激しく戦いました。

開戦から一刻（2時間）ほど過ぎた頃、三成はまだ戦闘に参加していない軍勢に狼煙《のろし》を上げ、参戦を促《うなが》します。その軍勢というのが、東軍の背後にある南宮山《なんぐうさん》に陣を張っていた毛利秀元《ひでもと》（総大将の毛利輝元《てるもと》の養子）と吉川広家（毛利一族）の軍勢と、関ヶ原を見下ろす松尾山に陣を張っていた小早川秀秋《ひであき》の軍勢でした。

出陣の合図を出したものの、両者は動きません。毛利軍は既に家康に内通していたため不戦を通し、小早川秀秋は東西のどちらに付こうか、まだ悩んでいたといいます。

■東軍に寝返る武将、続々

そして、三成はまだ動かない軍勢がいることに気付きました。それが島津隊でした。島津義弘は家臣たちに、こう命令を下していたといいます。

義弘「敗れた西軍の兵が、敗走して自陣に駆け寄ってきたら、たとえ味方といえども打ち捨てよ」

この戦術を取った理由はハッキリと分かりませんが「元々、東軍に味方するつもりだったため戦意がなかった」や「三成が島津義弘を軽視してそれを恨んでいたため」や「決戦の戦機は自分たちで判断するつもりだったため」などと言われています。

また、『山田晏斎覚書《やまだあんさいおぼえがき》』によると、三成は島津隊の参戦を促すために家臣の八十島《やそじま》助左衛門を使者として送ったのですが、馬上から口上してしまったために、

「不届き者である！　討ち取れ！」

と島津の兵士に罵声を浴びせられたといいます。ひょっとすると源藤も、その中の一人だったかもしれません。

『惟新公関原御合戦戦記《いしんこうせきがはらおんかっせんせんき》』によると、その後、三成自身が「西軍の形勢が芳しくない」と一刻も早い出馬を嘆願しに島津陣営に赴いたのですが、島津豊久《とよひさ》（義弘の甥）は「おのおの力を尽くそう」と三成に返すと、

三成「そうか、好きにせよ」

と答えて陣に戻ったといいます。

戦況は一進一退のまま午《うま》の刻（正午頃）を迎えた時、家康は小早川秀秋の陣に、出陣の催促として大砲を撃ち込んだといいます。

それを機に小早川秀秋は東軍に寝返る覚悟をして松尾山を下ると、山麓に陣を張っていた4人の武将（脇坂安治《わきざかやすはる》、朽木元綱《くつきもとつな》、赤座直保《あかざなおやす》、小川祐忠《おがわすけただ》）も時を同じくして東軍に寝返りました。

この裏切りによって、西軍の有力な武将だった大谷吉継《よしつぐ》は切腹に追い込まれ、西軍は総崩れとなっていったと言われています。

■敵中突破！　島津隊の突撃

東軍の勝利が確定となって勝鬨が上がる中、島津軍はまだ動きを見せずに沈黙を守っていました。

はじめ島津義弘は討ち死にをすると決心したそうですが、家臣たちの説得もあり撤退することを決定しました。

義弘「敵は何方《いずかた》が猛勢か」

家臣「東よりの敵が以《も》っての外《ほか》の猛勢でござる」

義弘「では、その猛勢の中へ掛かり入れよ」

家臣「前方に見えるのは、みな敵ばかりです」

義弘「敵ならば斬り通るのみ。斬り通ることができぬなら、兵庫入道《ひょうごにゅうどう》（島津義弘）は切腹するだけよ」

家臣「いずれも承《うけたまわ》りました」

こうして、前代未聞の敵中突破退却戦「島津の退《の》き口《ぐち》」が始まったのです。

本陣には義弘の影武者として、島津家重臣の長寿院盛淳が義弘の甲冑や陣羽織などを拝領して、わずかな軍勢の中に残りました（この後、盛淳は義弘の身代わりとなって討ち死に）。

そして、義弘は残りの軍勢を率いて一団となり、敵中を貫き始めました。源藤は得意の火縄銃を腰に差し、これに付き従いました。

まず、正面にいた福島正則の軍勢に突撃を掛けてこれを破ったのですが、突撃の前後に島津隊は船歌を歌っていたといいます。理由は定《さだ》かではありませんが、討ち死にするという恐怖心を和《やわ》らげるためだったのかもしれません。

ちなみに、島津義弘は船歌を歌い出した家臣たちを見て「御ふくりう（腹立）」、つまり御立腹になったそうです。義弘自身はあまり余裕がなかったのかもしれません。

さて、この島津隊の突撃は凄《すさ》まじく、さらに東に突き進みます。この時、島津隊は「捨《す》て奸《がまり》」という戦術を使ったといいます。これは迫ってくる敵に対して、足止めをするために小部隊をその場に留まらせて迎撃。これを繰り返して時間稼ぎをしている間に本隊を逃げさせるという戦法でした。

島津軍の場合の迎撃方法は、主に火縄銃を使用したもので、胡座《あぐら》をかいて銃撃したといいます。

この捨て身の戦法で、多くの被害を受けながらも、島津隊は追撃する敵に大打撃を与えていったのです。

■勇猛果敢な井伊直政の追撃

しかし、そこへ勇敢にも島津隊を激しく追撃していた武将がいました。それが井伊直政でした。徳川家の精鋭を率いた井伊直政は、関ヶ原の主戦場から5㎞ほど南東に離れた牧田あたりで、ついに島津隊に追いつくのです。

さすがの島津隊も、この時には多くの戦死者を出し、義弘の周りの兵士も減ってきていました。そこへ「井伊の赤鬼」が襲来し、万事休《ばんじきゅう》すといった様相です。

「公（島津義弘）を討たせてなるものか……！」

源藤はそう思ったことでしょう。既に銃身が熱くなっていたであろう自分の火縄銃に、急いで弾と弾薬をカルカで詰め込み、火皿に火薬を入れて火蓋を閉じて、その時を待ちました。
馬上の井伊直政は長刀を手にしながら、

直政「何を手間取っている！　兵庫（島津義弘）を討て！」

と大声で家臣たちに命じました。源藤は、白糸威《いろいとおどし》の甲冑に小銀杏《いちょう》の前立《まえだて》を付けた兜をかぶり黒馬に跨った声の主に照準を定めました。
そして、その武者が5間（約9ｍ）に迫った時に、火蓋を切って静かに引き金を引きました。

――――――!!!!

銃声の直後に、銃弾が甲冑に弾かれた音が周囲に響き渡りました。直政は、まだ馬上の人です。

源藤「しくじったか……！」

その瞬間、直政は苦痛の表情を浮かべて馬から崩れ落ちました。

直政の甲冑は「試しの具足」と呼ばれる防弾試験済みのものだったので、源藤の銃弾を弾いたのですが、直政にとっては運悪く、弾かれた銃弾が右腕を貫いたのです。

■名乗りを上げるが……

島津義弘が見ている場で、名のある武将を狙撃することに成功した源藤は、自身の武功を示すため名乗りを上げました。

源藤「川上四郎兵衛（忠兄）、討ち取ったり！」

なんと源藤は、陪臣であることを憚《はばか》って、主君である川上忠兄の名を叫んだのです。自分の手柄を主張することが当然の戦国時代において、これはかなり特異なことです。おそらく源藤は、謙虚で主君想いの人物だったのでしょう。義弘はこれを見て、

義弘「時は今だ！　早く斬り崩して通れ！」

と下知を飛ばして、再び敵勢を突破していきました。

ちなみに、源藤をはじめとした島津の兵士たちは、狙撃した武将が井伊直政だとは知らなかったようです。島津家の陪臣である源藤が、身分が高い直政と面識がないのは当然のことです。

しかし、身に着けているものから身分の高い武将だということは分かったのでしょう。

『井伊家慶長記《いいけけいちょうき》』によると、島津の兵士は「首を取ろう」と近づこうとしましたが、その中の一人が「敗軍に首は要らぬ」と言ったため、首は取らなかったといいます。

その直後に、家臣たちが駆け寄って介抱《かいほう》するのを見て、「さては大将だったか。首を取ればよかった」と狙撃した者は悔しがったといいます。この人物は不詳ながら、狙撃した者とあるので、源藤だったかもしれません。

ちなみに、この追撃戦は井伊直政以外に、直政の婿《むこ》である松平忠吉と、直政と同じく徳川四天王の一人である本多忠勝も加わっていたといいます。

そして、忠吉も島津隊の銃弾を受けて重傷を負い、忠勝は愛馬の「三国黒《みくにぐろ》」を狙撃され落馬したと言われています。

■窮地を脱した島津隊

さて、源藤によって直政が狙撃されたことで井伊隊は追撃を断念することになりました。

それに加え、義弘の甥の島津豊久の奮戦（烏頭坂《うとうざか》にて討ち死に）もあり、島津義弘は辛《かろ》うじて窮地《きゅうち》を脱することができたのです。

戦場で散り散りになった島津隊は、薩摩に戻った時には、わずか80数人になっていたといいます。これは80数人以外の者がみんな討ち死にしたというわけではなく、生き残ったものの義弘一団とはぐれた者も多く、義弘たちとは別に薩摩に戻ってきています。

義弘にずっと同行できたかは不明ですが、源藤も無事に薩摩に帰ってきた者の一人でした。

その後、島津家はこの退き口で特に戦功があった5人を「小返しの五本鑓《ごほんやり》」と称して讃えています。

その中の一人に、源藤の主君である川上忠兄が名を連ねています。これは忠兄自身の活躍もあったでしょうが、源藤の狙撃と名乗りがあってのことではないかと思われます。

一方で源藤は、西軍についた責任を取って隠居《いんきょ》をしていた義弘が住んでいた加治木（鹿児島県加治木町）に移り住みました。これは撤退戦の手柄が評価されたためかもしれません。

■直政の死を哀しんだ源藤

しかし、その後の源藤には、なぜか不遇の人生が待っていました。『本藩人物誌』（鹿児島県史料刊行委員会著、鹿児島県立図書館）には、

「逼迫《ひっぱく》して町人にまかりなり、子孫断絶いたし候」

（生活が困窮して町人となり、子孫は断絶した）


と記されています。

井伊直政を狙撃して、島津義弘の撤退戦を成功させた源藤がなぜ不遇だったのか。その理由とも考えられる逸話が残されています。

直政は、源藤によって受けた銃創が原因で、「関ヶ原の戦い」から約1年半後に亡くなりました。源藤はこの死を哀しみ、僧侶の恰好《かっこう》で修行の旅に出てしまったのです。

なぜそれほどまでに直政の死を悼《いた》んだのかは不明なのですが、1つ私の想像があります。

実は直政は戦後に、なんと自分を狙撃した仇敵であるはずの島津家を存続させるために奔走しているのです。

徳川家との和睦の仲介役となって交渉を進めて、島津家の領地である薩摩・大隅《おおすみ》・日向《ひゅうが》の三国の本領安堵《ほんりょうあんど》を実現させようとしました。撃たれたことなど全く恨まず、むしろ島津の退き口を絶賛していたといいます。

しかし、直政は島津家の本領安堵の直前に、銃創が原因で病死してしまいました。源藤は島津家のために尽くしてくれた直政の死を受けて、戦場での出来事とはいえ、自分の行いを悔やんで悲しみ、武士に嫌気が差したのではないでしょうか。

この逸話が載る『旧南林寺由緒墓誌』（鹿児島市編、同市刊）には、源藤の最期についてこう記されています。

「弔死《ちゅうし》の志をもって、墨染の法衣を身にまとい、巡国修行に郷関を出《いで》しが、また帰らず、その終焉《しゅうえん》の地、果《はた》して何処《いずこ》なるか、勇士の末路、憐《あわ》れにもまた遺憾なり」

（井伊直政の死を弔うために法衣をまとって修行の旅に出て、故郷に帰らず、その終焉の地はどこなのか分からない。勇士の最期は憐れで残念である）

鹿児島市にある「南林寺由緒墓地」には、「武山丈心居士《ぶさんじょうしんこじ》」と刻まれた源藤の墓が静かに立ち、「尚古集成館《しゅうこしゅうせいかん》」には源藤が直政を狙撃した時に使用したと伝わる火縄銃が現存しています。

現代に残る実行犯ゆかりの史跡

尚古集成館《しょうこしゅうせいかん》

島津家に関する資料などを展示している。柏木源藤が「関ヶ原の戦い」で井伊直政を狙撃した時に使用したと伝わる火縄銃が保存されている。平成27年(2015年)に「明治日本の産業革命遺産」の一つとして世界遺産に登録されている。
[鹿児島県鹿児島市　吉野町]

関ヶ原古戦場　決戦地

「関ヶ原の戦い」で最大級の激戦が繰り広げられたとされる場所。西に石田三成が本陣を敷いたという笹尾山があり、周囲には田園が広がっている。島津義弘の本陣は、決戦地から約500m南にある。
[岐阜県関ヶ原町　関ヶ原]

島津豊久碑

島津軍の壮絶な撤退戦の中で特に激戦となったとされる烏頭坂《うとうざか》に建てられた石碑。豊久の奮戦を讃《たた》えて「島津中務大輔豊久之碑」が建立されている。豊久は手傷を負って多良《たら》(大垣市)で没したとされ、現在は瑠璃光寺の近くの林に墓(通称「島津塚」)がある。
[岐阜県大垣市　上石津町牧田]

島津義弘陣跡

「関ヶ原の戦い」で島津義弘が陣を張ったとされる場所。神明神社の裏手の森の中に「小池・島津義弘陣所跡」の石碑が建てられている。その西には島津軍が飲用水として使用したという「島津池」が残されている。
[岐阜県関ヶ原町　関ヶ原]

写真提供／アフロ(右下)、長谷川ヨシテル(右上、左下)

日本史の実行犯 八

遠藤《えんどう》又次郎《またじろう》・喜三郎《きさぶろう》

日本初の銃暗殺を遂行した兄弟スナイパー

どんな人物?

○阿波《あわ》(徳島県)出身で備中《びっちゅう》や美作《みまさか》などを流浪する

○備前(岡山県)の戦国大名・宇喜多直家《うきたなおいえ》に仕える

○宇喜多家滅亡後は子孫が池田家に仕え、明治維新を迎えた

ターゲット

三村家親《みむらいえちか》

備中の戦国大名。安芸《あき》の毛利元就《もうりもとなり》と同盟を組み、備前や美作などに攻め込む。しかし、永禄9年（1566年）に美作に侵攻中に、備前の大名の宇喜多直家の命を受けた遠藤喜三郎・又次郎の兄弟に火縄銃で狙撃されて討ち死にした。これが日本初の銃暗殺とされる。

その他の重要人物

宇喜多直家

備前（岡山県）の戦国大名。暗殺や毒殺などによって備中や美作に勢力を拡大。天正7年（1579年）に中国地方に侵攻した織田信長に臣従。天正9年（1581年）に病死した。その手法から「梟雄」と評される。

宇喜多秀家《ひでいえ》

宇喜多直家の嫡男。豊臣秀吉の猶子となり、豊臣政権の五大老の一人となる。慶長5年（1600年）の「関ヶ原の戦い」で敗れ、慶長11年（1606年）に八丈島に流罪、明暦元年（1655年）に同地で没した。

日本で初めての銃暗殺は、てんやわんやの兄弟劇⁉

戦国史には、精確な狙撃術で名を残した者たちがいます。武田信玄を狙撃したという鳥居三左衛門（72〜81ページ参照）や、織田信長を狙撃したという杉谷善住坊《すぎたにぜんじゅうぼう》（270ページ参照）などがそうです。

そういった戦国のスナイパーの中で、日本史上初めて銃による要人暗殺を遂行したと言われる兄弟がいました。その人物こそ「遠藤兄弟」で知られる遠藤又次郎《えんどうまたじろう》・喜三郎《きさぶろう》だったのです。

遠藤兄弟は阿波《あわ》（徳島県）の生まれだと言われ、備中や美作などを流浪した後に、備前の津高郡加茂（岡山県岡山市）に居を移したといいます。

この地を治めていたのは「戦国の梟雄」というべき謀将・宇喜多直家《なおいえ》でした。直家は主君を追放し、舅や娘婿などを次々と暗殺するなど、勢力を伸ばすためには手段を選ばない人物として恐れられていました。

伝来して間もない火縄銃の扱いに長《た》けていた遠藤兄弟は、この梟雄にその腕を買われ、宇喜多家に召し抱えられることになります。仕官は永禄年間の半ば頃（1560年前半）であったと考えられます。

この時、宇喜多家は窮地に陥《おちい》っていました。備中《びっちゅう》の大名・三村家親の大軍が宇喜多家の領地へ侵攻してきたのです。その背後には中国地方の大半を治める毛利元就が暗躍していたため、三村家との合戦に気を取られていれば、その隙に毛利・三村と隣国の別の敵が手を組み、攻め込んでくることは明白でした。

宇喜多家は正に存続の危機に瀕していたのです。

■三村家親の暗殺計画

そんな最中、兄の又次郎は直家に屋敷に呼ばれました。

直家「家親が備中の成羽城《なりわじょう》にいた折、そなたも成羽にいたそうだな。ならば、家親の顔は知っておるか」

又次郎「存じております！」

直家「よし、又次郎。謀《はかりごと》をもって三村を討つ。本陣に忍び込んで家親を亡き者にしてまいれ」

又次郎「このようなことを殿から頼まれるのは、大変名誉なことでございます！　身命を賭して謀を成し遂げてまいります！　しかし——」

直家からの依頼を承諾した又次郎はこう続けました。

又次郎「家親は軍勢が多く討ち取ることが難しいかもしれません。もし、それがしが生きて戻ることができなかった時は、某の妻と子を宜しくお願い申し上げます！」

又次郎の覚悟に感じ入った直家は「功を成せば褒美はそなたの望みに任せる」と約束をし、又次郎を送り出しました。

又次郎が決死の謀を潔く承諾できたのは、狙撃術を買われて直家に仕えた時点で、このような謀に加担する時が来るという覚悟があったのかもしれません。

■決死の覚悟の兄に寄り添う

そして、時は永禄九年（1566年）2月5日――。

短筒（銃身の短い鉄砲。短銃）を隠し持ち、家親の本陣へ向かう又次郎。その隣には弟の喜三郎の姿がありました。

喜三郎「万に一つも生きては帰れぬ。兄者は死ぬ気であろう。それならば、某も一緒に死のうではないか」

兄から家親暗殺の命令を打ち明けられた喜三郎は、決死の謀略に付き従ってきていたのです。

三村家親が本陣を張るのは、美作の久米郡穂村（岡山県久米南町《くめなんちょう》）の興禅寺《こうぜんじ》（興善寺とも）でした。2人は夜陰に紛《まぎ》れて裏の竹林から忍び寄り、本堂の縁の下に隠れました。

どっぷりと夜が更《ふ》けてから又次郎は縁に上がり、本堂の中を覗《のぞ》こうと、指に唾《つば》をつけて障子に穴を開けました。本堂ではまだ軍議が開かれていました。

本堂の中には仏壇があり、その前に座している人物こそ三村家親でした。

又次郎「(これは天が与えてくれた最上の狙撃場所である……!)」

家親や家臣たちはこちらの気配に全く気付いていません。又次郎は短筒を手に取り、障子に開いた小穴から家親を狙いました。そして、火蓋《ひぶた》を切って狙撃に移ろうとしました。

しかし、ここで予期せぬことが起きてしまいます。

■火が消えた!

又次郎「な、何ということだ……。喜三郎、ひ、火が……」

何と、火蓋を切った時に、火縄の火が消えてしまったのです。これでは弾を放つことは当然出来ないため、どこかで火種を手に入れなくてはいけません。

喜三郎「何をやっておるのです、兄者……!」

縁の下に戻った又次郎は、己の大失策に落胆を隠せません。

喜三郎「まったく……。それがしが何とか致します！」

又次郎「どこへ行くのだ、喜三郎！」

縁の下から飛び出した喜三郎は、何を思ったか、本陣を警護する三村家の番人に紛れて篝《かがり》火《び》に近づきました。そして、自らの羽織の裾を篝火に近づけて火をつけました。

「何だか焦げ臭いぞ」

周囲にいた番人たちが不審に思い始めました。すると喜三郎がいきなり番人たちを怒り始めました。

喜三郎「篝火が燃え移って、わしの羽織の裾が燃えているではないか！　危ないではないか！」

慌てる番人たちをよそに、喜三郎はその場をさり気なく立ち去りました。「火を揉《も》み消してくる」「羽織を着替えてくる」などと言って、その場をごまかしたのかもしれません。

喜三郎は羽織に火を灯《とも》したまま元の場所へ戻ってきました。

又次郎「喜三郎、裾が燃えているではないか！」

喜三郎「兄者、それは良いですから、早く火縄を！」

喜三郎は又次郎から火縄を受け取り、羽織の火を移しました。

喜三郎「兄者、しっかりなさいませ！　家親を撃ち取るのです！」

又次郎「すまぬ、喜三郎！」

■最後のチャンス！

再び縁に上がった又次郎は、障子の穴から中を覗きました。すると、家親は仏壇にもたれかかって眠りについていました。

又次郎「（これが最後の好機じゃ……）」

狙いを定めた又次郎は、静かに引き金を引きました。

――――!!!!

大きな爆発音と共に放たれた銃弾は、見事に家親の胸元を貫きました。その場に突っ伏す家親の背後の柱には、又次郎が放った銃弾が突き刺さっていました。『常山紀談』や『備前軍記』などによると、この時の銃痕は、これらが記された江戸時代中期頃までは興禅寺の柱に残されていたそうです。

又次郎「喜三郎……家親を確かに撃ち果たしたぞ……！」

喜三郎「兄者！　ようやった！」

家親の死を見極めた又次郎は、喜三郎と共にその場を急いで離れ、元の竹林に隠れました。備前へ帰ろうとした遠藤兄弟でしたが、再びここで思わぬ事態に見舞われます。

又次郎「な、ない……。ないぞ、喜三郎……」

喜三郎「何がないのです、兄者」

又次郎「火縄銃じゃ。どうやら本堂に置き忘れてしまったようだ」

喜三郎「まったく、何をしておるのです、兄者は！　ここで本堂に戻るのは危のうございます。捨て置きましょう」

又次郎「いや、後で『うろたえていたから火縄

銃を忘れたのだ』と馬鹿にされるのも悔しい！　取りに戻る！」

又次郎は、竹林を飛び出て本堂に駆け出してしまいました。

喜三郎「あ、兄者ー！」

喜三郎の心配をよそに、又次郎は無事に鉄砲を回収しました。

そして、兄弟共に三村の本陣を抜け出し、宇喜多家の領地の備前に戻ることが出来ました。

このコントのような暗殺劇は、安永3年（1774年）に岡山藩士の土《ど》肥《ひ》経《つね》平《ひら》が記した『備前軍記』などに残されています。

■名スナイパー・遠藤兄弟のその後

直家は大敵の三村家親を討ち果たしたことを大いに喜び、兄の又次郎に1000石の領地を与え、弟の喜三郎にも褒賞を与えました。

さらにこの後、又次郎は「浮田《うきた》」の姓を賜《たまわ》り「浮田河内《かわち》」と改め、喜三郎も官職名を名乗ることを許され「遠藤修理《しゅり》」と名を改めています。こうして2人は宇喜多家の有力家臣となりました。

直家の死後、遠藤兄弟は宇喜多秀家《ひでいえ》（直家の嫡男）に仕えました。

しかし、「関ヶ原の戦い」で秀家が改易《かいえき》となると再び浪人の身となり、隠棲《いんせい》したと言われています。

そして、どこか危なっかしいところがあった兄の又次郎は慶長9年（1604年）に、兄を支えるしっかり者だった弟の喜三郎は元和5年（1619年）に亡くなりました。

2人の遺児は、宇喜多家に代わって岡山藩主となった池田家に取り立てられ、戦国のスナイパー「遠藤兄弟」の系譜は明治維新まで脈々と受け継がれました。

現代に残る実行犯ゆかりの史跡

亀山城

宇喜多直家の居城。「沼城《ぬまじょう》」とも呼ばれる。永禄2年(1559年)から岡山城に移るまでの約15年間、この城を拠点として三村家などと戦った。宇喜多秀家の誕生地でもある。慶長6年(1602年)に小早川秀秋《こばやかわひであき》によって廃城とされた。
[岡山県岡山市　東区沼]

三村家親供養塔

三村家親が本陣としたという興禅寺の跡地に建てられた宝篋印塔《ほうきょういんとう》。「興禅寺宝篋印塔」とも呼ばれる。この地で遠藤兄弟によって家親が暗殺されたと言われる。宝篋印塔は家親の供養塔として伝えられている。
[岡山県久米南町　下籾]

備中松山城《びっちゅうまつやまじょう》

三村家親の居城。「日本100名城」の一つ。岩村《いわむら》城(岐阜県)と高取《たかとり》城(奈良県)と並び「日本三大山城《やまじろ》」に数えられる。天和《てんな》13年(1683年)に修築された天守は今も残り「現存十二天守」の一つとなっている。
[岡山県高梁《たかはし》市　内山下]

岡山城

宇喜多直家、秀家の居城。別名「烏城《うじょう》」「金烏城《きんうじょう》」。「日本100名城」の一つ。江戸時代には池田家が城主を務め、岡山藩2代藩主の池田綱政《つなまさ》によって本丸の川向かいに「日本三名園」の一つに数えられる大名庭園の「後楽園」が築かれた。
[岡山県岡山市　北区]

写真提供／岡山県久米南町教育委員会(右上)、長谷川ヨシテル(右下、左上、左下)

コラム

『忠臣蔵』吉良《きら》上野介《こうずけのすけ》を討ったのは、孟子の子孫!?

「赤穂事件」元禄14〜16年(1701〜1703年)

日本の冬の風物詞である『忠臣蔵』。赤穂四十七士が主君の浅野内匠頭《あさのたくみのかみ》の仇である吉良上野介を討ち取る物語です。

この基《もと》となった「赤穂事件」において吉良上野介を斬り伏せた人物こそ、明《みん》(中国)にルーツを持つ「武林唯七《たけばやしただしち》」という侍だったのです。

唯七は江戸時代中期の寛文12年(1672年)に赤穂藩士の子として生まれました。

その祖父は「孟二寛《もうじかん》」と名乗った浙江省杭州《せっこうしょうこうしゅう》の武林《ぶりん》出身の医師だったそうです。一説によると、古代中国の思想家として有名な「孟子」の61代目の子孫だと言われています。

ところが、猛二寛は豊臣秀吉による「朝鮮出兵」の際に日本軍の捕虜《ほりょ》となってしまいます。毛利家に預けられた後、医術などを買われ浅野家に侍の身分に取り立てられると、故郷の地名である「武林」を姓にして「武林治庵《たけばやしじあん》」と改めます。

その後、渡辺家から正室を迎えると「渡辺治庵」と改名したそうです。

この渡辺家は、唯七の兄である尹隆《ただたか》が継ぐことになりました。ちなみにこの後、兄の尹隆は討ち入りに加わることを望みましたが、両親が病となったため、仇討ちという夢は弟に託すことになります。

さて、唯七は兄とは別に分家を興《おこ》すことになりました。その時に選んだ家名が己のルーツである「武林」でした。

武林家を再興した唯七は、文武の道に通じていたようで、主君の浅野内匠頭に側近く仕える中小姓《ちゅうこしょう》を務めていました。知行(給料)は15両3人扶持(約150万円の年収と3人分の配給米)であり下級武士に位置付けられる身分でした。

■主君・浅野内匠頭の切腹

そんな唯七に大きな衝撃が走ります。元禄14年（1701年）3月14日、主君の浅野内匠頭が高家肝煎《きもいり》の吉良上野介に江戸城内の松之大廊下で斬り付け、浅野は即日切腹となり、赤穂藩は改易となってしまったのです。

江戸屋敷にいた唯七は堀部安兵衛《ほりべやすべえ》などと共に江戸の急進派に属し、今すぐにでも主君の仇討ちを果たそうと活動を始めました。

唯七「吉良上野介を討ち取り、殿様の御恩に報いるべきである！」

浅野の近習であり、誰よりも忠義に篤《あつ》かった唯七は、そのような心持ちであったことでしょう。

しかし、浅野家の家老の大石内蔵助《おおいしくらのすけ》は討ち入りに賛成しませんでした。

なぜならば、内匠頭の弟である浅野長広《ながひろ》を当主に据えられれば、浅野家を再興することが出来たためです。そのためには、討ち入りなどの騒動を起こすことは何としても避けたかったのです。

当初、藩士たちの多くは大石に賛成し、討ち入りではなく御家再興に賛同していましたが、堀部安兵衛や唯七など急進派の説得により、浅野の一周忌を迎える3月に討ち入りを行おうという流れに変わり、大石もこれに一度は賛同しました。

■再興派と急進派の対立

ところが、一周忌を迎えても大石などが討ち入りに協力する様子はありませんでした。主君の仇を何としても取りたい唯七は、『堀部武庸筆記』などによると、6月に開かれた密議において、大石に側近く仕える御家再興派の大高源五《おおたかげんご》に対して感情を顕《あら》わにしました。

唯七「御家老（大石内蔵助）が動かないのは、そなたらが腰抜けだからだ！　最初からその程度の志と見受けていたが、たまに威勢の良い言葉が出るので、本心から討ち入りを目指しているのかと思っていれば、化けの皮が剥がれたな！」

源五は「内蔵助殿に覚悟はある」「一緒に死ぬつもりだ」と説得をしましたが、感極《かんきわ》まった唯七が涙を流して腹を立てていたため、それ以上どうしようもなかったといいます。

家老の大石などと力を合わせられないと悟った唯七など急進派は、同志14〜15人で決起しようという計画を立て始めます。

しかし、ここで大きく流れが変わりました。内匠頭の弟である浅野長広に広島藩のお預かりという処分が下され、御家再興が事実上不可能になってしまったのです。

『江赤見聞記』などによると、処分が決定された直後の7月28日、京都の円山《まるやま》にある安養寺の重阿弥坊において密議が開かれました。この密議を経て、大石など御家再興派は、唯七ら急進派の計画に賛同し、赤穂浪士は吉良邸討ち入りへと急速に動き始めました。

■吉良邸へ突入！

そして、時は元禄15年（1702年）12月14日を迎えます――。

討ち入りに加わった浪士は47人。堀部安兵衛の屋敷などで黒の火事装束に着替えた浪士たちは、寅《とら》の上刻（午前4時頃）に屋敷を出て、前日降った雪の上にかかる霜を踏みしめながら吉良邸に向かいました。

吉良邸の手前に差し掛かると、浪士たちは表門組と裏門組の二手に分かれました。

表門組に属していた唯七は、吉良邸の門前に辿り着くと周囲の浪士たちと共にこう叫びました。

「火事だ、火事だ！」

「門外から出火しているので開門せよ！」

しかし、吉良邸の門番はそれに応じようとしません。

そこで唯七ら表門組は持参していた梯子《はしご》を使って吉良邸へ飛び降り始めました。一番手は大高源五。それに続いて続々と浪士たちが飛び降り、油断していた門番たちは斬り捨てられました。

そして、内側から閂《かんぬき》が外され、表門組は一斉に吉良邸へとなだれ込みました。

唯七「浅野内匠頭家来、武林唯七！　主の仇《あだ》討ちである!!!」

大声で叫びながら、大身槍を握りしめた唯七は吉良邸の奥へと突撃していきました。

この騒動に、北隣に屋敷を構える本多家と土屋家の家中の者が様子をうかがいに屋根に上り始めていました。

これを見た片岡源五右衛門《げんごえもん》と小野寺十内《じゅうない》が「これは仇討ちである！」と告げると、立ちどころに理解した両家は提灯を立て並べて吉良邸を照らし出し、赤穂浪士の応援に回ったといいます。

唯七ら浪士たちは、その心意気に一礼して、さらに奥へと突き進みました。

■まるで女のような若武者

唯七はその戦闘の中で、一人の若者と対峙《たいじ》しました。

唯七「女……ではないな」

白い小袖《こそで》を着て、紫の手拭《てぬぐ》いを鉢巻きにしたその若武者はまるで女のようだったといいます。唯七はこの若武者を容易に斬り伏せました。

若武者は額と右肩に傷を負い、その場に突っ伏し気絶してしまいました。上野介の首のみが欲しい唯七は、この若武者に止《とど》めを刺すことはしませんでした。

『本所敵討』によると、実はこの若武者は、名を「吉良義周《よしちか》」といい、吉良上野介の養子となっていた人物でした。重傷を負ったものの一命を取り止めた義周でしたが、討ち入りの後に対応が「不届き」であったとて改易を言い渡されています。

さて、さらに吉良邸の奥を目指した唯七の耳に入ってきたのは、味方の勝鬨《かちどき》でした。

「吉良上野介、討ち取ったり!!」

唯七と同じく表門組に属していた近松勘六《かんろく》が吉良らしき人物を討ち取ったようでした。しかし、これはすぐに人違いであることが判明します。

吉良の額と背中には、江戸城の松の大廊下で浅野の刀による傷が残っているはずなので、それと適合しなかったのかもしれません。

浪士たちは吉良の顔を見たことがありませんので、人違いも仕方なかったと思われます。

■ 姿なき吉良上野介

浪士たちは吉良の寝室に辿り着きますが、そこにも吉良の姿はありませんでした。しかし、寝具はまだ温かく、吉良がまだ近くにいるということは明らかでした。

唯七ら浪士たちは障子を打ち破り、縁の板まで剝《は》がして屋敷内を隈《くま》なく捜しましたが、吉良は見つかりません。窮《きゅう》した大石は皆に向かってこう言いました。

大石「上野介を討ち漏《も》らしたのでは詮《せん》なきことである。いざ一緒に自害仕ろう。さりながら、死ぬことは易《やす》きことであるから、今一度探してみよ」

そして、浪士たちが捜索すること3度目にして、ある小部屋に行き当たりました。

その小部屋は、吉良の寝所に近い台所の中に3尺(約90㎝)の戸が立てられた炭や茶道具などの物置でした。

内部が暗かったため、槍の穂先にロウソクを立てて様子をうかがい、内部に4～5本の矢を射かけました。

すると、中から皿や鉢、炭などを投げて抵抗してくる者がいます。浪士たちはさらに矢を射かけると、とうとう中から2人の武士が飛び出して立ち向かってきます。

1人を堀部安兵衛が一刀で斬り捨て、もう1人を矢田五郎右衛門が何なく討ち取りました。さらに中を覗いてみると、そこにはもう1人、白い小袖の寝間着に茶の縞の上着を着た老人がいました。

唯七は大身槍を構え、強く突き出しました。すると、

その槍は老人を捉《とら》え、一撃にして相手を仕留めました。

唯七「もしや、これが上野介かもしれぬ……」

■一番の武功を取られてしまった

そこに駆け寄ってきた間十《はざまじゅう》次《じ》郎《ろう》がその首を斬り落とし、その炭で汚れた額を拭《ぬぐ》い傷の有無を確認しました。すると、そこには額にまで届きそうな傷が確かにあり、背中を見ると、そこにも浅野が斬り付けた刀傷が残されていました。

「主君、浅野内匠頭の仇、吉良上野介討ち取ったり!!!!」

浪士の中で大きな勝鬨が上がりました。間十次郎が吉良の着ていた白の小袖に首を包み、屋敷内の井戸まで運び首を洗いました。この時に使用された井戸は、現在も「本所松坂町公園」（吉良邸跡）に残されています。

その後、吉良邸を後にして泉岳寺へ向かう時、吉良の首を掲げたのは間十次郎でした。
吉良を突き殺した唯七でしたが、首を十次郎に取られてしまったため、一番の武功は十次郎になってしまったのです。首を取ったことを周囲に自慢する十次郎に対して唯七はこう言ったそうです。

唯七「私が突き殺した死人の首を取ったのは大したことではない！　皆に証人になってほしい！」

唯七にしてみたら、手柄を横取りされさぞ悔しかったことでしょう。この後に切腹などの厳しい処分が待っていることを分かっていながら、功名を求めるというところに武士の矜持を垣間見ることが出来ます。
泉岳寺に辿り着き、浅野の墓前に首を供えると、内蔵助は一番に十次郎に焼香をさせ、二番に唯七に上げさせたそうです。

■兄を想う辞世の詩

その後、唯七は毛利家に預けられ、元禄16年（1703年）2月4日、江戸幕府の命により切腹をして亡くなりました。享年32。戒名は「刃《じん》性《しょう》春《しゅん》劔《けん》信《しん》士《じ》」でした。
亡くなる前、明にルーツを持つ唯七らしく赤穂浪士で唯一、漢詩を詠んでいます。

「三十年来一夢中　捨身取義夢尚同　双親臥病故郷在
取義捨恩夢共空」
（人生三十年あまり、身を捨て義をとれば今なお同じ。両親は病に臥《ふ》せて故郷に在る、義を取り、恩を捨てるは空虚なり）

この詩は、両親の病の看病のため決行に加われなかった兄を想って詠んだものだと言われています。主君への義と両親への恩の狭間で悩み、また、恩を取ってくれた兄への感謝の気持ちが込められているように感じられます。
その後、兄の「渡辺」尹隆は姓を改めます。新たな姓は「武林」。弟の意志を継いだ兄によって、武林の名はその後も浅野の本家・広島藩に残されることになりました。

第二章

幕末・明治

日本史の実行犯 九

桂早之助《かつらはやのすけ》

「近江屋事件」慶応3年（1867年）

幕末の英雄・坂本龍馬《さかもとりょうま》を暗殺した男

どんな人物？

○実家は京都所司代の同心を代々務めた幕臣の家柄
○小太刀《こだち》の達人として知られ、京都見廻組《みまわりぐみ》に選抜される
○「鳥羽《とば》・伏見《ふしみ》の戦い」で討ち死にし、真田丸の跡地の寺に埋葬された

ターゲット

坂本龍馬《さかもとりょうま》

土佐藩士。勝海舟の門下生。慶応元年（1865年）に亀山社中（後の海援隊）を結成。翌年には「薩長同盟」の成立に尽力した。慶応3年（1867年）には「大政奉還」に貢献するが、その翌月に宿舎の近江屋を京都見廻組に襲撃され、桂早之助に斬殺されたという。

その他の重要人物

▍佐々木只三郎《ただざぶろう》

会津藩（福島県）出身の幕臣。幕府の講武所の剣術師範。後に京都見廻組の与頭《くみがしら》。慶応3年（1867年）に坂本龍馬暗殺の指揮を執《と》った。翌年の「鳥羽・伏見の戦い」で被弾し、搬送先の紀三井寺で亡くなった。

▍渡辺吉太郎《きちたろう》

江戸出身の幕臣。京都見廻組の隊士。坂本龍馬暗殺に加わる。「鳥羽・伏見の戦い」での傷が原因で死去。早之助と同じく心眼寺に葬られ、墓所を隣にしている。

▍高橋安次郎《やすじろう》

江戸出身の幕臣。京都見廻組の隊士。坂本龍馬暗殺に加わる。「鳥羽・伏見の戦い」で戦死。心眼寺に葬られたが、現在、墓は残されていない。

▍中岡慎太郎《しんたろう》

土佐藩士。脱藩して尊王攘夷活動に奔走。「薩長同盟」の締結に貢献し、武力倒幕を計画する。同郷の坂本龍馬と近江屋で会談しているところを京都見廻組に襲撃され重傷を負い、2日後に死去した。

謎多き坂本龍馬《さかもとりょうま》暗殺事件！真相の中心には一人の若き幕臣がいた！

土佐が生んだ幕末の英雄・坂本龍馬。

薩長同盟や大政奉還の立役者となった龍馬は、京都の近江屋で襲撃に遭《あ》い、突然の最期を迎えました。

その時、龍馬を斬った人物が「桂早之助《かつらはやのすけ》」という27歳の若き幕臣だったと言われているのです。

実名を「利義《としよし》」といった早之助は、天保12年（1841年）に「京都所司代組　同心」を代々務める家に生まれます。

生まれた場所は二条城の北西にあった同心の組屋敷（現在の京都市中央図書館の北側）で、つい最近まで早之助のご子孫が同じ場所に家を構えていたそうです。

京都の治安を守る幕臣の家柄に生まれた早之助は、幼少期から剣術の修行に励み、11歳の時に京都所司代に召し出されて、父と同じく同心として仕え始めました。

その後、17歳にして西岡是心流《にしおかぜしん》を修め、剣の達人が犇《ひし》めく幕臣の中で、小太刀の達人として知られていました。京都の文武場では剣術世話心得《せわこころえ》（師範代クラス）を務めるなど、剣術の腕前は相当なものでした。

■剣術の腕を認められ、着実に昇進

御公儀（幕府、将軍）のために日々鍛錬を積む早之助。その剣術が活かされる機会が訪れました。

文久3年（1863年）の江戸幕府14代将軍の徳川家茂《いえもち》の上洛《じょうらく》（京都に行くこと）です。開国をした幕府は、攘夷《じょうい》を主張する朝廷との融和を図る「公武合体《こうぶがったい》」を推し進めていました。

その一環として、孝明《こうめい》天皇の妹の和宮《かずのみや》が文久2年（1862年）に家茂に降嫁《こうか》しています。家茂はその融和政策を推進するために、明治天皇と会見することとなったのです。

しかし、当時の京都は過激な尊王攘夷の浪士たちの巣窟《そうくつ》で、幕府に同調した者を「天誅《てんちゅう》」と称して暗殺する事件が多発していました。

そのため、将軍のための護衛が必要となったのですが、それを務めたのが早之助たち同心でした。この時、早之助は父と共に将軍の警護にあたり、忠勤に励んだと言います。

また、その翌年の元治元年（1864年）に行われた「上覧心得試合」という将軍が観覧する剣術の試合では、京都所司代の代表として出場し、講武所（江戸にある幕府の武芸所）の剣客をことごとく破り、家茂より白銀5枚を賜っています。

さらに、同年6月の「池田屋騒動」では、新撰組《しんせんぐみ》が襲撃したとの報せを受けると、すぐさま現場に駆け付けて、不逞《ふてい》浪士の捕縛の功で幕府から5両（約50万円）を下賜されました。

さらにその翌月に起きた「禁門《きんもん》の変（蛤御門《はまぐりごもん》の変）」では、長州藩が攻め寄せる京都御所の守備にあたり、褒美として金700斤をもらっています。

■京都の治安を守る組織に抜擢《ばってき》！

その実力を認められていった早之助は、将軍後見職の一橋慶喜《ひとつばしよしのぶ》（徳川慶喜）による軍制改革に伴い慶応4年（1867年）2月に「京都所司代組同心」から「京都見廻組《きょうとみまわりぐみ》」に推挙され、7月には肝煎《きもいり》（小隊長）に昇進するという出世を果たしています。

「京都見廻組」というのは、京都の治安を守るために元治元年（1864年）に新設された組織で、京都守護職の松平容保《かたもり》（会津藩主）の配下に置かれました。
幕臣以外の浪士や町人、農民などで構成された「新撰組」と異なり、全て幕臣によって構成されていました。

「御公儀は私が守る！」

幕府や将軍を守る家柄に生まれ育った早之助は、幕末の動乱の中でそのような心持ちだったかもしれません。

しかし、江戸幕府は「大政奉還」によって朝廷に政権を返上し、265年続いた江戸幕府はついに滅亡してしまいます。これは早之助にとっては受け入れ難い屈辱的な事実だったことでしょう。
大政奉還のその源流となった者こそ幕府の敵であり、早之助が斬るべき敵となったのです。

■大政奉還の功労者・坂本龍馬こそが敵

そして時は、慶応3年（1867年）11月15日を迎えます――。

この日、会津藩主の松平容保の命《めい》を受けた見廻組の与頭の佐々木只三郎は6人の剣客を引き連れ、とある醤油《しょうゆ》屋へ向かっていました。その中に、早之助の姿もありました。

7人が向かう店の名は「近江《おうみ》屋」。土佐藩が贔屓《ひいき》にしている醤油問屋でした。そこには、大政奉還の功労者、坂本龍馬が潜伏していたのです。

只三郎「あやつは前年に伏見の奉行所の同心を2人殺し、逃亡している。今回は取り逃がさず捕縛をしたいが、万が一の場合は討ち取っても構わぬ」

早之助「私は只三郎様ほどではございませんが、小太刀を少々使います。私に先手をお任せください」

只三郎「部屋の天井は低く刀は振り回せぬだろう。うむ、良い考えだな。ここはお主に任せよう」

早之助「御公儀を揺るがす不届き者を、私の小太刀で必ずや仕留めてみせます」

五ツ時（午後8時頃）を過ぎた頃、7人は近江屋の前に辿り着き、只三郎を先頭にして近江屋に入りました。

只三郎「私は十津川《とつがわ》郷中の者であるが、坂本先生が御在宿《ございしゅく》ならばお会いしたい」

偽名を書いた手札（名刺）を龍馬の用心棒を務める元力士の藤吉《とうきち》に只三郎が渡すと、藤吉は龍馬にその手札を渡すために2階へと階段を上り始めました。

見廻組の7人のうちの3人は見張り役としてその場に残り、早之助は只三郎に従って、渡辺吉太郎《わたなべきちたろう》、高橋安次郎《たかはしあんじろう》と共に4人で密《ひそ》かに藤吉の後を追いました。

まず4人は、奥の部屋にいた龍馬に藤吉が手札を渡して部屋から出てきたところに襲い掛かりました。意表を突かれて斬り伏せられた藤吉は、その場に激しく倒れ込みます。

龍馬「ほたえな！」

藤吉が倒れた音を聞いた龍馬は、藤吉が悪さをして物音を立てたと思い、土佐弁で「騒ぐな」の意味の言葉を発しました。

早之助「(この奥の部屋に坂本龍馬がいる……!)」

■いざ、坂本龍馬の元へ!

早之助は抜刀して、襖に左手を掛けました。

そして、只三郎から突撃の命が下され、早之助は先陣を切って部屋に飛び込みました。

早之介「御免《ごめん》!」

部屋に飛び込むや否や、早之助は愛刀の小太刀を横に一閃《いっせん》!

その一刀は、火鉢の北に座《ざ》していた龍馬の額を激しく斬り付けました。背後の掛《か》け軸《じく》に、龍馬の額の血が飛び散ります。

同時に中岡慎太郎にも只三郎などが襲い掛かりました。部屋は怒号や悲鳴が飛び交い喧騒に包まれました。

何とか早之助に応戦しようとした龍馬は床の間に掛けた愛刀の「陸奥守吉行《むつのかみよしゆき》」を取ろうと背を向けました。

早之助はその隙を見逃さず、二の太刀で右肩から左の背骨にかけて袈裟《けさ》斬りにしました。

既に致命傷を負っている龍馬でしたが、何とか刀を手に取ります。しかし、抜刀する間はありませんでした。

早之助「覚悟！」

早之助が振り下ろした刀を龍馬は鞘《さや》で受けました。早之助の一刀は凄《すさ》まじく、龍馬の鞘ごと中の刀身を削り取っていました。

続けて早之助は龍馬の鞘を払い、再び龍馬の額に斬り付けました。この一撃で、龍馬はとうとうその場に倒れ伏しました。

火鉢を挟んだ反対側には、只三郎などに後頭部や左右の手や両足を斬られた中岡慎太郎も血を流して伏せています。

只三郎「もうよい、もうよい」

只三郎の命が下ると、早之助たちは部屋を出て階段を降り、見張りの3人と合流しました。そして、襲撃現場となった近江屋を後にしました。

その後、7人の剣客は屯所であった松林寺《しょうりんじ》に辿り着きます。

只三郎「各々方《おのおのがた》、ご苦労であった」

龍馬を討ち取ったことを祝して、只三郎の音頭《おんど》の下、祝いの盃《さかずき》を挙げました。

平時は酒が飲めない早之助でしたが、この時ばかりは下戸《げこ》を忘れて強《したた》かに酔いつぶれたと言います。

■幕府への忠義に篤い男

坂本龍馬を斬るという功績を挙げた早之助は、それから2ヶ月後の慶応4年（1868年）1月3日に勃発《ぼっぱつ》した「鳥羽・伏見の戦い」に幕府軍として参戦しました。

しかし、新政府軍との激しい戦闘の末、翌日の4日に下鳥羽で左股に銃撃を受けて討ち死にを遂げました。享年28でした。

その遺体は同志によって戸板に乗せられて大坂まで運ばれ、真田信繁《のぶしげ》（幸村《ゆきむら》）が築いた真田丸の跡地と言われる場所に建立された「心眼寺《しんがんじ》」に埋葬されました。

戒名は「徳元院大誉忠愛義貫居士」。江戸幕府への忠義と愛を貫くことを誉《ほま》れとしたような生き方をした早之助に相応《ふさわ》しい戒名が付けられています。

早之助の死後、龍馬を斬った刀は早之助の子孫に伝わり、現在は京都の「霊山《りょうぜん》記念館」で目にすることができます。その刀身に残された激しい刃こぼれからは、近江屋での坂本龍馬との戦闘をはじめとした幕末の動乱の雰囲気を感じることが出来ます。

現代に残る実行犯ゆかりの史跡

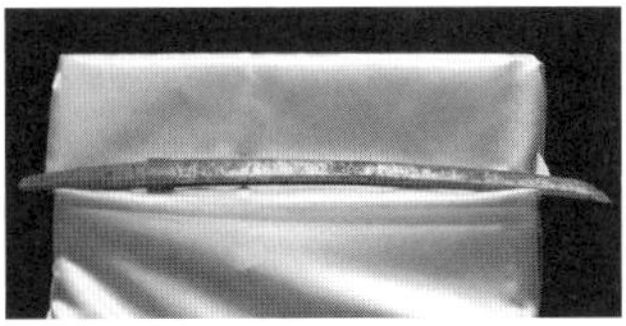

龍馬を斬った刀

桂早之助が龍馬を斬った時に使用していたという、長さ42.1cmの脇差。偽銘ではあるが「越後守包貞」と銘が打たれ、刀身には激しい刃こぼれが見られる。早之助の没後に桂家に伝わり、現在は「霊山記念館」に寄贈されている。

［京都府京都市　東山区清閑寺霊山町］

近江屋跡

坂本龍馬と中岡慎太郎が襲撃された場所。近江屋は土佐藩の御用達の醤油商であり、龍馬をはじめとした土佐藩士たちが出入りをしていた。現在は「坂本龍馬・中岡慎太郎　遭難之地」の石碑や龍馬の肖像画などが置かれている。

［京都府京都市　中京区奈良町］

坂本龍馬紀直柔《きのなおなり》之墓

霊山護国神社の「霊山墓地」に建立された龍馬の墓。墓碑には「坂本（名字）龍馬（通称）紀（氏）直柔（実名）」が記されている。隣には同郷の志士の中岡慎太郎の墓が建ち、墓の入り口には両者の銅像が建立されている。

［京都府京都市　東山区清閑寺霊山町］

桂早之助の墓

真田信繁（幸村）が築いた真田丸の跡地の「心眼寺」に早之助の墓は残されている。龍馬暗殺後の「鳥羽・伏見の戦い」で討ち死にした早之助が当寺に祀られた。隣には、同じく京都見廻組だった渡辺吉太郎の墓がある。

［大阪府大阪市　天王寺区餌差町］

写真提供／霊山記念館（左上）、長谷川ヨシテル（右上、右下、左下）

「桜田門外の変」安政7年（1860年）

日本史の実行犯 十

有村次左衛門《ありむらじざえもん》

桜田門外で
大老・井《い》伊《い》直弼《なおすけ》の首を取った男

どんな人物？

○薩摩《さつま》（鹿児島県）藩士の家に生まれ、江戸の薩摩藩邸に勤める

○水戸藩士と親交を深めて、尊王攘夷《そんのうじょうい》の志士となり脱藩する

○井伊直弼の「安政の大獄」に怒り、暗殺計画を実行に移した

ターゲット 井伊直弼《いいなおすけ》

江戸幕府の大老。彦根藩主。安政5年（1858年）に「日米修好通商条約」を勅許なしに調印。同年から翌年にかけて「安政の大獄」で反対派を弾圧した。安政7年（1860年）に外桜田門で水戸浪士たちの襲撃を受けて、薩摩浪士の有村次左衛門に首を取られた。

その他の重要人物

■松子《まつこ》

薩摩藩士の日下部《くさかべ》伊三《いそう》治《じ》の娘。「桜田門外の変」の前日に、次左衛門と夫婦の契《ちぎ》りを交わしたという。その後、次左衛門の弟の有村俊斎（後の海江田信義）に嫁《とつ》いだ。

■日下部伊三治

はじめ水戸藩士、後に薩摩藩士。父の海江田訥斎《とっさい》連は薩摩藩士だったが、薩摩を離れて水戸藩に出仕していたため、伊三治は水戸藩士として生まれる。後に薩摩藩に復帰。尊王攘夷活動をするが「安政の大獄」で獄死する。

■森五六郎《もりごろくろう》

水戸藩士。「桜田門外の変」で井伊直弼を襲撃した際に、直訴《じきそ》を装って行列の先頭に駆け寄った。事件後に熊本藩邸に自首。後に処刑された。

■小河原秀之丞《おがわらひでのじょう》

彦根藩士。直弼の御供目付側小姓。「桜田門外の変」で襲撃を受けて傷を負い気絶。すぐに意識を取り戻し、次左衛門を背後から斬り付ける。直後に周囲の水戸浪士に斬られ討ち死に。

日本史の大転換「桜田門外の変」は23歳の若者によってなされた

日本史の大きな転換点となった「桜田門外の変」——。

この時、大老・井伊直弼《いいなおすけ》の首を取った人物こそ、有村次左衛門《ありむらじざえもん》という23歳の若者でした。

薩摩国の高麗町（鹿児島市高麗町）に生まれた次左衛門は、14歳で藩に出仕した後、21歳となった安政5年（1858年）に江戸へ出ました。

中小姓《ちゅうごしょう》役として三田の薩摩藩邸に勤め、千葉周作の道場へ通って北辰《ほくしん》一刀流を学ぶ一方で、朝廷を軽んじる江戸幕府の政治に疑問を抱き、尊王攘夷派として同志の水戸藩士と交流を重ねていきました。

ところが、大老に就任した井伊直弼は尊王攘夷派の勢力に対して、安政5年（1858年）から翌年にかけて「安政《あんせい》の大獄《たいごく》」と呼ばれる大弾圧を行い、有力な尊王攘夷派の人物たちは重刑に処されてしまいました。

次左衛門と親交を深めていた水戸藩の藩主である徳川斉昭《なりあき》やその息子の徳川慶篤《よしあつ》や一橋慶《ひとつばしよし》

喜《のぶ》（後の徳川慶喜）は謹慎に追い込まれ、尊王攘夷派を牽引した長州藩の吉田松陰《しょういん》や小浜藩の梅田雲浜《うんぴん》らは処刑されてしまいました。

これに憤激《ふんげき》した次左衛門は薩摩藩を脱藩し、同志である水戸の脱藩浪士17名と共に井伊直弼の暗殺を実行に移すこととなったのです。

「岩金《いわがね》も　砕けざらめや武士《もののふ》の　国の為にと思ひきる太刀」

襲撃を決めた次左衛門は、この辞世の歌をしたためた短冊を故郷の家族に送りました。

「国を想う武士の太刀の前に砕かれない岩や金もない」。次左衛門の断固たる決意がうかがい知れます。

■雪の朝、一発の銃声が響く

そして時は、安政7年（1860年）3月3日、五ツ半刻（午前9時）を迎えます――。

浪士たちは早朝に品川宿の旅籠《はたご》を出て、「出世の石段」で知られる愛宕《あたご》神社（東京都港区愛宕）に集結しました。

本懐《ほんかい》を遂げることを祈願した後、予《かね》てから計画していた通り、江戸城の外桜田門の周辺に散らばりました。

この時、この時期には珍しい雪が昨夜から降りしきり、外桜田門の杵築《きつき》藩邸の前で通行人を装《よそお》っている次左衛門の周りにも雪が降り積もっていました。

尾張徳川家の行列が過ぎてから半刻（1時間）程後、ここから3、4町（327〜436m）程離れた井伊家の屋敷の門が開き、直弼を乗せた駕籠《かご》を中心にした井伊家の行列が外桜田門へと歩き始めました。

行列が外桜田門に近づくと、まず森五六郎が直訴を装って行列の先頭に駆け寄りました。それを取り押さえようとした彦根藩士は、即座に森に斬られてしまいます。周囲は騒然となり、行列の先頭に注意が払われた瞬間、一発の銃声が鳴り響きました。

それを合図にしていた浪士たちは、井伊家の行列に一斉に斬り掛かりました。

次左衛門「チェストー!!!」

次左衛門は、薩摩の剣術である薬丸自顕流《やくまるじげんりゅう》の掛け声を叫びながら襲い掛かります。

これに慌てた彦根藩士たちは主君が乗る駕籠を置き去りにして逃げ出し、残った者の多くも討ち取られてしまいました。

この時、彦根藩士は雪によって鍔《つば》や目釘《めくぎ》が錆《さ》びないように刀の柄《え》と鞘に布袋をかけていたため、すぐには刀が抜けずに戦えませんでした。

また、居合《いあい》術の達人であったという井伊直弼も、合図で放たれた銃弾を腰に受け、駕籠の中で動けなくなっていたといいます。

警護する者がいなくなった駕籠に殺到した浪士たちは、中にいる井伊直弼を狙って刀を突き刺しました。

そして、次左衛門は駕籠の戸をむしり取り、瀕死《ひんし》の井伊直弼を外へ引きずり出し、上段に刀を構えました。

次左衛門「きぇぇぇぇぇぇーーっ!!!!」

薬丸ひ自顕流の打ち込みの際に発する「猿叫《えんきょう》」と呼ばれる激しい気合いを発しながら刀を

振り下ろし、井伊直弼の首を討ち取ったのです。

そして、刀の切《き》っ先《さき》に井伊直弼の首を突き立てて勝鬨を上げました。

次左衛門「よかよかー!!」

薩摩で首尾良《しゅびよ》くいった時に使われる方言を声高に叫ぶと、本懐を遂げた水戸浪士たちも続けて鬨の声を上げました。

■背後から忍び寄る影

わずか10数分の戦闘を終えた次左衛門は、その場を後にしようとしました。

しかし、その直後——。

次左衛門は、小河原秀之丞という彦根藩士に、背後から不意に斬り付けられてしまいました。秀之丞は戦闘の中で負傷して意識を失っていたところ、先ほどの鬨の声で意識を取り戻し、主君の首を取り返そうと次左衛門に刀を振り下ろしたのでした。

周りにいた浪士によって秀之丞は斬り伏せられましたが、次左衛門は歩くことが困難になるほどの傷を負ってしまいました。

後の幕府の役人の調べによると、その後頭部の傷は長さ4寸7分（14・1㎝）に達していたそうです。

井伊直弼の首を引き摺《ず》りながら、日比谷見附から馬場先門の前を通り、和田倉門に差し掛かって、次左衛門はついにまったく動けなくなりました。

そして、若年寄《わかどしより》の遠藤胤統《えんどうたねのり》の屋敷の門前で力尽きて切腹をしようとします。

ところが、次左衛門は刀を持つ力が残っておらず、うまく切腹することができません。集まり始めた見物人に向かって苦しみながら介錯《かいしゃく》を頼みましたが、みな尻込《しりご》みをしてやろうとはしません。

次左衛門は仕方なく、最期に目の前に積もっていた雪を手に摑み、口に入れました。

これは「切腹した時に早く死にたければ、水を飲めば良い」という武士に伝わる教えに従ったものだったといいます。間もなくして、次左衛門は息絶えました。享年は23でした。

■前夜、祝言を挙げていた

『大久保利通日記』によると、次左衛門はこの襲撃の前夜に祝言を挙げていたと言われています。

相手は薩摩藩士の日下部伊三治の娘の松子。伊三治は「安政の大獄」で牢獄に入れられ、激しい拷問《ごうもん》の末に獄死していました。

またその息子の裕之進《ゆうのしん》も獄に繋がれ、この後に獄死しています。

この経緯から井伊直弼に深い恨みを持っていた日下部家は、井伊直弼暗殺を謀《はか》る薩摩と水戸の浪士たちに密議の場を提供したり、自邸に匿《かくま》ったりしていました。

こういった中で、松子は志を遂げるために奔

走する次左衛門に接する内に、ほのかな恋心を抱きます。また、松子の母の静子も、次左衛門を気に入り、日下部家の婿として夫の仇討ちをしてほしいと強く思っていました。

しかし、松子に好意を抱いていた次左衛門でしたが「決死の覚悟であるため、他家を継ぐことはできない」と断り続けていました。

そして、襲撃の前夜。浪士たちは品川宿の相模屋で訣別《けつべつ》の酒宴を催《もよお》していました。ところが、次左衛門はこの席に参加していませんでした。向かった先は日下部家の屋敷。松子に別れを告げに来たのでした。

次左衛門が今生《こんじょう》の別れの挨拶を松子や松子の母の静子に告げて席を立とうとすると、静子が次左衛門を引き止めて、涙を溜めながら次左衛門に懇願しました。

静子「娘と夫婦になることをお汲《く》み受けなきにおいては、この席を御立て申すことは相成らず！」

この言葉を受けた時の次左衛門の様子は、『大久保利通日記』に次のように記されています。

「情義、黙《もだ》し難《がた》く／快然として、それほどの思《おぼ》し召《め》しについては、随分その意に応じて候」

つまり、次左衛門は静子のこの言葉に後押しされ、想い人の松子と祝言を挙げることをついに決意したのです。こうして2人は、一夜限りの契りを結びました。

この時、2人が交わした和歌が残されています。

次左衛門「春風に　さそはれて散る桜花　とめてとまらぬ　わがおもひかな」

松子「君がため　つくす真心《まごころ》天津日《あまつび》の　雲の上まで　匂ひゆくらん」

尊王思想から湧き起こる次左衛門の本懐と、今宵限りの夫が抱く決意を健気《けなげ》にも後押ししようとする松子の切ない心情がうかがえます。最期に摑んだ雪の白さは治左衛門の心に松子の白無垢《しろむく》を想わせたかもしれません。

現代に残る実行犯ゆかりの史跡

有村次左衛門源兼清之墓

「青山霊園」の次左衛門の墓。隣には次左衛門と共に襲撃を計画した兄の有村雄助《ゆうすけ》の墓がある。雄助は襲撃に参加しなかったものの、薩摩に護送された後に藩命によって自刃となった。向かいには2人の兄である海江田《かいえだ》信義《のぶよし》(有村俊斎《しゅんさい》)の墓がある。
[東京都港区　南青山]

江戸城・外桜田門

江戸城(現・皇居)の内堀を守った門。桜田門は2つ(内桜田門と外桜田門)があるが、井伊直弼の暗殺事件が起きたのは「外桜田門」の外である。創建は寛文3年(1663年)で、現在は国の重要文化財に指定されている。
[東京都千代田区　皇居外苑]

有村雄助・有村次左衛門誕生之地

次左衛門と2人の兄(海江田信義、有村雄助)の生誕地。「有村三兄弟誕生地」とも呼ばれる。現在は石碑と案内板が建てられている。同町内には大久保利通の生誕地があり、隣の加治屋町には西郷隆盛や東郷平八郎の生誕地などが伝えられている。
[鹿児島県鹿児島市　高麗町]

愛宕神社

慶長8年(1603年)に徳川家康の命により、防火の神様として創建された。神社がある愛宕山(標高25.7m)は23区で一番高い山である。曲垣平九郎《まがきへいくろう》が馬で駆け上って徳川家光《いえみつ》に讃えられたという「出世の石段」があることでも知られている。
[東京都港区　愛宕]

写真提供/NPO法人かごしま探険の会(左下)、長谷川ヨシテル(右上、右下、左上)

日本史の実行犯 十一

河上彦斎《かわかみげんさい》

幕末の兵学者・
佐久間象山《さくましょうざん》を
暗殺した男

どんな人物?

○肥後《ひご》(熊本県)出身の「人斬り彦斎」と呼ばれた尊王攘夷派の志士
○身長は5尺(約150㎝)程で女性のような雰囲気を持っていた
○明治維新後も「攘夷」の思想を頑《かたく》なに変えようとしなかった

ターゲット

佐久間象山《さくましょうざん》

松代《まつしろ》藩士。蘭学や砲術を修め、江戸で開塾。勝《かつ》海舟《かいしゅう》や吉田松陰、坂本龍馬らがいる。元治元年(1864年)に一橋慶喜に請《こ》われて上洛し開国を説く。しかし、過激な尊王攘夷派の志士に「西洋かぶれ」と敵対視され、肥後藩士の河上彦斎らに京都の三条木屋町で斬殺された。

その他の重要人物

宮部鼎蔵《ていぞう》

熊本藩士。兵学師範。尊王攘夷派として活動。多くの志士に影響を与えた。吉田松陰の東北周遊に同行するなど、長州藩士との交流も深かった。元治元年(1864年)に潜伏中の池田屋を新撰組に襲撃され自刃《じじん》した。

清河八郎

庄内藩(山形県)出身の尊王攘夷派の志士。文久2年(1862年)に上洛する徳川家茂の護衛を名目に浪士組(新選組の母体)を結成。しかし、江戸幕府に危険視され、翌年に佐々木只三郎《ただざぶろう》らに暗殺された。

三条実美《さねとみ》

尊王攘夷派の公家。長州藩と手を結んだため「八月十八日の政変」で京都を追われる。「王政復古の大号令」を機に京都に復帰。太政大臣など明治新政府の重鎮を務めた。

桂小五郎(木戸孝允《たかよし》)

長州藩士。「維新の三傑」の一人。西郷隆盛と「薩長同盟」を結び、倒幕に貢献。明治新政府で参議となり、「五箇条の御誓文」の起草、「版籍奉還」、「廃藩置県」などに尽力。

玉乃世履《たまのよふみ》

長州藩士。明治時代に初代の大審院長(現在の最高裁判所長官に相当)に就任。公正な裁きから「明治の大岡」と賞賛された。

人気漫画『るろうに剣心』主人公のモデルになった、幕末の志士

門下生に坂本龍馬、勝海舟、吉田松陰などを持つ、松代藩（長野県長野市）が生んだ幕末の兵学者・佐久間象山《さくましょうざん》――。

江戸幕府の滅亡や明治維新のきっかけを創った象山を暗殺した人物こそ「人斬り彦斎」の異名を取る「河上彦斎《かわかみげんさい》」という一人の志士だったのです。

諱を「玄明《はるあきら》」という彦斎は、天保5年（1834年）11月25日に肥後藩士の小森貞助の次男として生まれました。同年には新選組の近藤勇《いさみ》や越前藩士の橋本左内《さない》などが生まれています。

初名は「小森彦治郎」といい、11歳頃に肥後藩士の河上源兵衛の養子となりました。藩校の時習館で学んだ後に、16歳の時に藩主の細川家の御花畑邸の掃除坊主となり、僧籍《そうせき》であるため名を「河上彦斎」と改めました。名の読みについてですが、一般的に「げんさい」と読まれることが多いですが、河上家では「ひこなり」と言っていたそうです。

「人斬り彦斎」という異名を持つことから、無学で残虐な豪傑を連想してしまいそうですが、そうではありません。背丈は5尺（約150㎝）を超すか超さないかであり、色白で痩せ型、普段は女性のような柔らかい声を出していたそうです。

また、掃除坊主に出仕後には茶道や生け花を学び、和歌や漢詩を嗜《たしな》み生涯で数多くの歌を残すなど、風流人という一面も持っていました。

■国のために尽くす――熱い想い

嘉永4年（1851年）、18歳になった彦斎は、藩公の参勤交代に付き従って初めて江戸に行き、家老付の坊主に出世しました。翌年に熊本へ戻りますが、嘉永7年（1854年）2月に再び江戸《えど》詰《づ》めを仰せ付かり、江戸藩邸に勤めています。この時、彦斎にとって大きな出来事が起きました。

江戸幕府がペリーの威に屈して「日米和親条約」を結んでしまったのです。条約は同年の3月3日に結ばれていますので、彦斎が江戸へ出て1ヶ月程後に起きたことになります。さらに幕府は、アメリカだけでなくイギリスやロシア、オランダとも同じように不平等条約を結んでしまいました。

熊本の尊王攘夷派の学者である轟武兵衛《とどろきぶへえ》や宮部鼎蔵《みやべていぞう》らに師事していた彦斎には憂国《ゆうこく》の思いが色濃く刻まれたことでしょう。

安政3年（1856年）に熊本へ戻った彦斎は国学者の林桜園《はやしおうえん》の「原道館《げんどうかん》」に入り、儒学や兵学、国学などを修め、尊王攘夷の精神を純粋で強いものにしていきました。

ちなみに、この桜園の塾の門下生は1400人以上だったと言われ、彦斎の他、横井小《しょう》楠《なん》、吉田松陰、大村益次郎《ますじろう》らが学びました。

彦斎は文久年間（1861〜1864年）から尊王攘夷派の志士としての活動を活発にしていきます。そのきっかけは清河八郎との出会いでした。

八郎は、後に新撰組の母体となった浪士組を結成するなど、諸国の志士たちを説き伏せ、尊王攘夷派を創出して結託させようとした活動家でした。

八郎と邂逅《かいこう》した彦斎でしたが、時流に追いついていけない熊本藩は、積極的に政局に関わろうとはしません。そこで彦斎は八郎に働きかけて朝廷に政治工作を行ってもらい、朝廷から熊本藩に朝廷警護の役目を仰せ付かりました。

そして、文久2年（1862年）に藩主の弟である長岡護美《ながおかもりよし》の上洛に警護として随行し、政局が混乱を極めている京都に初めて足を踏み入れることになったのです。

これに伴って、彦斎は僧籍を解かれ、蓄髪《ちくはつ》が許されました。さらに翌年には藩選抜の親兵となって、尊王攘夷派の公家の三条実美の信頼を受け、肥後勤王党の幹部格として認められるようになりました。

この頃、彦斎は「尊王の志士として励むよう」という旨の手紙を実美から送られています。これに感激した彦斎は故郷の息子にその手紙を送り、それに以下のような自身の歌を添えました。

「君のため　国のためにと　尽くすわが　この身ひとつぞ　なほ（なお）たの（頼）みなる」

この身一つある限り国のために尽くしてみせる、という彦斎の強い思いが感じ取れます。

■低姿勢から片手で斬り込む、我流の剣術

この時期、彦斎はかなりの人数を斬ったと言われています。これが「人斬り彦斎」と言われる所以《ゆえん》です。

剣術は、僧籍にいたことから我流であり、右足を一歩前に踏み出し、左足を後ろに伸ばして、膝《ひざ》が地に着きそうな低い姿勢から右手だけで敵の胴を薙《な》ぎ払う独自の剣法であったと言われています。

後に勝海舟が、この頃の彦斎のことを「河上はひどい奴さ。こわくてこわくてならなかったよ」と冗談まじりに振り返っています。

尊攘活動を盛んに行った彦斎ですが、「八月十八日の政変」により尊攘派の牽引《けんいん》役である長州藩は京都から追放され、政局は公武合体派（幕府と天皇の関係の強化を図る派閥。薩摩藩や会津藩など）が握ることとなりました。

この政変に伴って、三条実美などの尊攘派の公家7人は長州藩に落ち延びています。世に言う「七卿《しちきょう》落ち」です。この時、彦斎は実美を伴って長州藩に入っています。

熊本藩は依然として積極的に動かず、幕府派としての立場を変えようとしなかったため、彦斎は同じ志を持つ長州藩と行動を共にしようと考えたようです。

■新撰組による「池田屋事件」勃発

時局は彦斎にとってさらに悪化していきました。

政変によって処罰を受けることになった長州藩の宮部鼎蔵らは、穏便《おんびん》な処分にしてもらうため朝廷に嘆願をしようと奔走します。しかし、朝廷は依然影響力を持っていたため、これが認められません。

そこで宮部は、公武合体派の諸侯を狙った強硬手段に移ろうとしました。

それは「強風に応じて御所に火を放ち、中川宮《なかがわのみや》を幽閉し、一橋慶喜や松平容保《かたもり》を暗殺して孝明天皇を長州に連れ去る」というものでした。

この計画は事前に察知され、宮部らの尊攘派の志士たちは会合の最中に襲撃を受け、討ち死にもしくは捕縛されてしまったのです。これが有名な、新撰組による「池田屋事件」です。

自らの師でもある宮部の悲報を長州で聞き、激しく憤《いきどお》った彦斎は、宮部の仇討ちをするためにただちに京都に上りました。そして、公武合体派の根源を絶つことを心に決めました。彦斎にとっての公武合体派の根源――。それこそが佐久間象山だったのです。

この時、象山は幕府の軍政顧問として上洛しており、日本が時世を乗りきるために公武合体や開国を唱えていたのです。朝廷を重んじ、外国に媚《こ》びる必要はないと考える尊王攘夷派の筆頭の彦斎にとって、象山は正に仇として映ったことでしょう。

■佐久間象山を待ち構える刺客たち

そして、時は元治元年（１８６４年）7月11日を迎えます――。

象山は山階宮邸《やましなのみや》に伺候した後、松代藩の宿所である本覚寺に寄り、寝泊まりをしている三条木屋町の旅館に騎馬で戻ろうとしていました。

この時、象山が乗っていた馬は名を「王庭《おうば》」といい、松代から連れてきた逸物《いちもつ》でした。その名馬に西洋の鞍《くら》を置き、西洋の鞭《むち》を揮《ふる》って御《ぎょ》していたといいます。「西洋かぶれ」と呼ばれ尊攘派から敵視されていた象山ですが、自信過剰で傲岸不遜《ごうがんふそん》なところがあり、天誅《てんちゅう》吹き荒れる京都で命が狙われようとも、己の言動を変えませんでした。これが尊攘派の志士たちを余計に刺激したようです。

彦斎は旅館に辿り着く前に象山を暗殺しようと、三条小橋付近に潜《ひそ》んでいました。刺客は彦斎以外に壱岐《いき》藩士の松浦虎太郎、因州《いんしゅう》藩士の前田伊右衛門がいたといいます。刺客の数や名は史料によって異なるのですが、どの史料にも共通している点があります。それはいずれの書にも「河上彦斎」の名が記されているということです。

時刻は正午過ぎ――。

西洋鞭を握り、西洋鞍を置いた馬に跨《また》がった象山の姿が見えました。そして、彦斎たちが潜む三条小橋に差し掛かり、宿へ向かう路地に入りました。

その瞬間、松浦・前田が路上に飛び出し、馬上の象山を挟み撃ちするように襲い掛かりました。

象山は左股を斬られたものの、馬腹を蹴って鞭を叩き、馬を走り出させました。松浦と前田が後を追いますが、間に合いません。

象山は必死に宿を目指しました。

しかし、宿を目前にしたところで、象山の目の前に小柄な刺客が飛び出して立ちはだかりました。河上彦斎でした。

■低姿勢からの襲撃

彦斎は迷いなく馬の脚を薙ぎ払い、馬は大きな嘶《いなな》きと共に倒れ、象山は落馬してしまいました。そして、次の瞬間——。

彦斎は低い姿勢から象山の胴を斬り払いました。

何とか応戦しようと抜刀した象山でしたが、その隙に彦斎は二太刀目を振り下ろしました。駆け付けた松浦、前田も斬り付け、象山は絶命しました。

暗殺を遂げた彦斎は、祇園社の前に今回の天

誅の理由を述べた「斬奸状《ざんかんじょう》」を掲《かか》げたと言われています。

［斬奸状］

松代藩　佐久間修理《しゅり》（象山）

この者、元来、西洋学を唱え、交易開港の説（開国論）を主張し枢機（政権）の方へ立入り、御国これを誤り候。大罪、捨て置きがたく候処。あまつさえ（加えて）近日、奸賊・会津彦根の二藩へ与同し、中川宮（中川宮朝彦親王）と事を謀り、恐れ多くも九重《ここのえ》（天皇）、御動座、彦根城へ移し奉り候儀を企て、昨今しきりに、その機会を窺い候。大逆無道、天地に容るべからざる国賊につき、すなわち今日、三条木屋町において天誅を加え畢《おわ》（終）る。

但し、斬首・梟木《きょうぼく》（さらし首を掛ける木）に懸く（架ける）べきの処、白昼につき、その儀あたわざる（出来ない）もの也。

元治元年七月十一日

皇国忠義士

「西洋学を唱えること」「開国論を主張すること」「国の方針を誤らせていること」「天皇の御動座を企てたこと」が、尊攘派の彦斎たちにとって「大逆無道」「国賊」と映り、「天誅」を加えたことが分かります。

また、白昼の出来事であったことから、斬首をしてさらし首に懸けることが出来なかったとも記されています。

■これが最後の人斬りとなった

さて、「人斬り彦斎」の異名を取った彦斎ですが、実際に記録に残っている人斬りは象山だけです。そして、これが最後の人斬りとなったと言われています。

彦斎は象山暗殺を後にこう振り返りました。

「余人を斬る、なお木偶人《もくぐうにん》（人形）を斬るがごとく、かつて意に留めず。しかるに象山を斬るの時において、はじめて人を斬るの思いをなし、余をして毛髪の逆竪て（逆立て）に堪えざらしむ。これ、彼（象山）が絶大の豪傑なると、余の命脈すでに罄《つ》く（尽きる）の兆《きざし》にあらざるなきを得んや。今より断然、この不詳的の所行（人斬り）を改めて、まさに象山をもって、その手を収めんのみ」

象山を斬る時に、象山の豪傑さゆえに髪の毛が逆立ち、初めて人を斬る思いが生じたそうです。そして、これは自分の命が尽きる前兆であると感じ、これ以降、人斬りを止めたといいます。

彦斎は、この暗殺の8日後に起きた「禁門の変」に長州軍として参戦しますが、敗戦し、長州軍と共に再び京都を追われ、長州に落ち延びます。

しばらくの間、身を隠していた彦斎ですが、高杉晋作が「奇兵隊《きへいたい》」を組織して挙兵すると、これに呼応して一隊を組織して参戦します。

そして、慶応2年（1866年）の「第二次長州征伐」では長州軍として戦い、幕府軍に勝利を収めています。

その後、時局に乗りきれない佐幕派の熊本藩を説得するために帰藩しますが、彦斎の尊攘活動を警戒した藩によって、彦斎は捕らえられて1年半ほど投獄されてしまいます。

そのため「大政奉還」「王政復古の大号令」「戊辰《ぼしん》戦争」などの時期は獄舎で過ごすことに

なりました。

■象山の故郷を尋ねる

しかし結局は、尊攘派の勢力によって倒幕が成し遂げられたことから、藩は慌てて彦斎を解放します。

解放された彦斎は、明治元年（1868年）から尊王について遊説するために中山道《なかせんどう》や東北地方の諸藩を回りました。この時、藩主の勧めで名を「高田源兵衛《こうだげんべえ》」、後に「高田源兵」と改めています。

この遊説の途中、象山の故郷である松代藩に立ち寄った時の逸話が残されています。

彦斎は宴席で、一人の松代藩士に、

「当藩には佐久間象山という先覚者がいました。しかし、貴藩の河上彦斎に暗殺されました。その息子の恪次郎《かくじろう》（別名三浦啓之助、元・新撰組隊士）は仇討ちのために国を出ています」

と言われました。すると、彦斎は、

「私は河上彦斎をよく知っています。たいへんな腕前ですが、息子の本懐を遂げさせてやりたいものです」

と眉ひとつ動かさず、冷静に返したと言われています。

■明治新政府の方針が一転、開国へ

ひたすら尊王攘夷を説きまわった彦斎ですが、時代とは全く逆行していました。同志であった長州藩を中心とした明治新政府や朝廷は、方針を「開国」に変えてしまったのです。

彦斎はこれに激怒し、さらに尊攘活動を行おうとしますが、明治2年（1869年）に熊本藩の飛び地である鶴崎（大分県大分市）に左遷されてしまいます。

これは、新政府に危険視される人物を熊本に置いておくわけにはいかなかったためであるようです。

鶴崎に移った彦斎は、兵士隊長を務める一方で兵士たちを教育するための学校「有終館」を設立し、兵法だけでなく、国学などについて教育を始めました。

しかし、ある時、奇兵隊脱退騒動の首謀者として長州藩から追われる身となった、同志の大楽源太郎《だいらくげんたろう》が有終館に逃げこんできました。

「一緒に挙兵をしてくれないか」という願い出を彦斎は断ったのですが、源五郎を匿ったことで、彦斎は鶴崎の兵士隊長の任を解かれて熊本に戻ることを命じられ、有終館は解散となってしまったのです。

■再び投獄されてしまう

熊本に帰った彦斎は大楽を匿った罪で、再び投獄されてしまいます。

そして、裁判を行うため、間もなくして東京へ護送されることになりました。熊本を離れる際、彦斎は次のような一首を詠んだと言われています。

「火もて　焼き水もて　消せど変わらぬ　わが敷島《しきしま》の　大和魂」

国を想う自分の熱い信念は変わることはないという、彦斎の想いが込められています。

吉田松陰なども投獄された小伝馬町の牢屋敷に送られた彦斎を担当した裁判官は、かつて勤王の同志であった岩国出身の玉乃世履でした。「維新の三傑」の木戸孝允から欧米視察前に、

「彦斎は一世の豪傑であるが、このまま放置すれば必ず国家に害をなす。帰ってくるまでに始末しておいてくれ」

と言われていた玉乃は断罪を下すに忍びないと思い、彦斎を呼び出してこう説得したといいます。

「貴兄の気持ちは分かるし、それも一理はあるが、すでに今日は時勢が一変しています。どうぞ現政府のなすところに協力して下さらぬか。小官（玉乃）は切に国家のために、そして貴兄のために心から勧めたい」

彦斎は玉乃の言葉に対して、こう答えたといいます。

「御厚意ありがとう。しかし、自分の尊攘の志は、神明に誓い、同志と約し、死生必ず背《そむ》くまいと誓ったものである。しかして同志の多くは、この誓約のもとに殉《じゅん》じていったのである。今日に及んで、生命を惜しんで、その約に背き、志を改めたら自分はどうなるだろう。ああ、時勢が一変したのではござらぬ。政府の諸君が自己の安逸《あんいつ》を願って尊攘の志を捨て『時勢が変わった』というのである。自分は徹頭徹尾一身の利害のために素志《そし》（以前から抱く志）を改め、節を変えるなど、そんなこと出来申さぬ」

旧暦明治4年（1871年）12月4日――。

彦斎は日本橋の小伝馬町にて斬首されました。享年38でした。漫画『るろうに剣心』の主人公の緋村剣心《ひむらけんしん》は、この彦斎がモデルであると言われています。

現代に残る実行犯ゆかりの史跡

江戸伝馬町処刑場跡

「伝馬町牢屋敷」に設けられた処刑場。彦斎の最期の地。吉田松陰《よしだしょういん》なども当地で処刑された。跡地には明治8年(1875年)に、慰霊のために「大安楽寺《だいあんらくじ》」が建立された。牢屋敷跡は十思公園となり、石垣や井戸が復元されている。
[東京都中央区　日本橋小伝馬町]

象山先生遭難之碑

象山が河上彦斎に襲撃された地に建立された石碑。高瀬川の畔《ほとり》に位置する。隣には象山暗殺から5年後にこの地の東で襲撃されて亡くなった大村益次郎を悼んだ「大村益次郎卿遭難之碑」が建てられている。
[京都府京都市　中京区二条木屋町一之船入町]

河上彦斎の墓(京都)

霊山護国神社の「霊山墓地」に建立された彦斎の墓。当墓地には坂本龍馬や中岡慎太郎、高杉晋作、桂小五郎(木戸孝允)、大村益次郎、宮部鼎蔵《ていぞう》など、1000名を超える幕末維新の志士たちが祀られている。
[京都府京都市　東山区清閑寺霊山町]

河上彦斎の墓(東京)

彦斎の墓は、肥後熊本藩の細川家と縁の深い「池上本門寺《いけがみほんもんじ》」に建立されている。墓の近くには「河上彦斎先生碑」が建てられ、肥後(熊本県)出身のジャーナリストの徳《とく》富蘇峰《とみそほう》が碑文を揮毫《きごう》している。
[東京都大田区　池上]

写真提供／長谷川ヨシテル

日本史の実行犯 十二

神代直人《こうじろなおと》

日本陸軍の創始者・
大村益次郎《おおむらますじろう》を襲撃した男

どんな人物？

○長州（山口県）出身の過激な尊王攘夷派の志士
○外国の文化を取り入れた明治新政府の改革に憤慨する
○同志と結託して軍制改革を推進する大村益次郎の襲撃を企《くわだ》てた

ターゲット
大村益次郎《おおむらますじろう》

長州藩の医者の家に生まれ、後に長州藩士となる。あだ名は「火吹き達《だる》磨《ま》」。明治維新後は新政府の幹部となり、陸軍を創設した。明治2年(1869年)に洋式改革を嫌う不平士族の神代直人(元長州藩士)らの襲撃を受け、その時の傷が原因で2ヶ月後に亡くなった。

その他の重要人物

■大楽源太郎《だいらくげんたろう》

長州藩士。尊王攘夷派の志士。西山書屋《せいざんしょや》を開塾し、神代直人や寺内正毅《まさたけ》(第18代内閣総理大臣)らを育てた。その後、門下生が大村益次郎暗殺事件などを起こし幽閉。後に山口を脱走するが、潜伏先の久留米で暗殺された。

■実行犯一団

団伸二郎：元長州藩士
太田光太郎：元長州藩士
伊藤源助：白河藩士
宮和田進：三河吉田藩士
五十嵐伊織《いおり》：越後国府居之《きょし》隊士
関島金一郎：信州名古熊村郷士
金輪五郎：久保田藩士

まさかの暗殺失敗……？

「火吹き達磨」の異名を持つ陸軍の生みの親を襲撃！

「火吹き達磨」の異名を持ち、「維新十傑《いしんじっけつ》」に数えられる日本陸軍の生みの親と言われる大《おお》村《むら》益《ます》次《じ》郎《ろう》。医者から当代きっての一流の兵学者となり、幕末から明治維新にかけての諸戦で大いに活躍した益次郎は、京都で襲われた傷が原因で亡くなりました。その時の襲撃の主犯となったのが「神代《こうじろ》直《なお》人《と》」という人物だったのです。

神代は長州藩の萩藩士の家に生まれました。詳しい生年月日については分かっていませんが、長州藩の交友関係を見ると、天保11年（１８４０年）前後に生まれた人物が多いので、神代もその頃に生まれたと考えられます。

父の神代一平は、萩藩内で中船頭という階級に属していた、いわゆる下級武士でした。普段は萩藩の三《み》田《た》尻《じり》（山口県防府市）に住み、仕事は船倉で船舶の操縦を行っていたそうです。

一平の嫡男として育った神代は、御楯隊（長州藩が他藩に先駆けて募兵によって編成した近代軍隊の一つ。中でも「奇兵隊」が有名）などに名前が見えることから、萩藩の直臣として、諸隊に積極的に参加したエネルギッシュな若者だったようです。

そして、その余りあるエネルギーは、過激な尊王攘夷思想（天皇を尊び外国を排除する思想）に結び付いていきました。

過激な尊王攘夷思想

当時、長州藩には大楽源太郎《だいらくげんたろう》という尊攘派の志士がいました。源太郎は、京都で吉田松陰らと交流を持っていた僧侶の月照《げっしょう》らに影響を受けて勤王思想を身に付けた、西郷隆盛らと交流をしていた尊攘派のキーマンの一人です。

源太郎は長州に戻ると「西山塾《せいざんじゅく》」（西山書屋）という私塾を開き、多くの門弟《もんてい》を抱えました。その教え子の一人が神代であり、他の教え子には、第18代内閣総理大臣の寺内正毅《まさたけ》などもいました。

神代は源太郎の教えの下、「四国連合艦隊下関砲撃事件」で海外諸国と講和交渉を結んだ同じ長州藩の高杉晋作や伊藤博文《ひろぶみ》の暗殺を企《くわだ》てるなど、過激な尊王攘夷派となっていきました。

神代と同じく長州藩出身の大村益次郎は、医者の家に生まれ、福沢諭吉《ゆきち》や橋本左内《さない》らが学んだ緒方洪庵《こうあん》の適塾《てきじゅく》（大阪大学医学部や慶應義塾大学の源流の一つ）で緒方洪庵から蘭学を学び、塾頭となりました。

その傍《かたわ》ら兵学を学んで兵法者として台頭していき、やがて長州藩の倒幕運動に参加します。「戊辰《ぼしん》戦争」で大いに軍略の才を発揮して、新政府軍を勝利に導きました。

明治維新後は新政府の重役となり、軍部のトップに就任して、軍制改革を行います。陸軍はフランスを倣《なら》い、海軍はイギリスを倣う改革を行い、藩兵を解体して国民皆兵を目指した「徴兵令」や、士族の帯刀を禁止する「廃刀令」などを推し進めようとしました。

■軍制改革への反発

しかし、後に実施されるこれらの近代的な軍制改革を建白《けんぱく》(政府や上役に申し立てること)した大村は、江戸時代の軍制を保持しようとする士族（元武士）たちの大きな反発を受けてしまいます。

その士族の代表が神代でした。尊王攘夷を掲げる神代にとって、天皇を蔑《ないがし》ろにして外国に媚《こ》びたように見える政策は断じて許すことができなかったのです。神代は「奸賊《かんぞく》」大村益次郎を討つために暗殺を企て、自分と同じ志を持つ者を8人集めました。
その同志というのが、神代と同じく元長州藩士だった「団伸次郎」と「太田光太郎」、久保田藩士の「金輪《かなわ》五郎」、白河藩士の「伊藤源助」、三河吉田藩士の「宮和田進」、越後国府居之隊士の「五十嵐伊織」、信州伊那郡の名古熊《なごくま》村郷士の「関島金一郎」の7人でした。

「全ては日本国のため！」

そう信じて疑わなかった刺客たちは、その時を待ったのでした。

そして、時は明治2年（1869年）9月4日を迎えます――。
この前の月に京都に到着していた大村は、伏見の練兵場や宇治の弾薬庫の建設地の視察を行った後、大阪に赴《おもむ》き、大阪城内の軍事施設や天保山《てんぽうざん》の海軍基地を視察しました。視察を終えた大村は、9月3日に京都に戻り、宿舎で使用していた京都三条の木屋町の旅館に入りました。
大村が借りた旅館は、別館となっていたものを借り切っていたものだそうで、京都特有の縦長の建物でした。東西に延びた造りになっており、東側は鴨川に面し、西側に玄関が設けられていました。玄関を入ると台所が左手にあり、その先には6畳の部屋と8畳の部屋が連なり、階段を上ると4畳半の部屋がありました。

大村は、部下である安達幸之助（長州藩出身の伏見兵学寮の英学教師）と静間《しずま》彦太郎（長州藩の大隊司令）の2人と奥の4畳半の座敷で、好物の冷奴をつまみに、ちびちびと酒を酌《く》み交《か》わしていました。鴨川に面した座敷での小宴は、外からよく見えたことでしょう。

大村たち3人とは別に、大村の従者だった山田善之助と、大村の部下の吉富作之助（兵部省の作事取締）がいました。2人は大村たちとは別の部屋にいたといいます。

■ 3手に分かれる作戦

大村が旅館に戻ったという情報を聞きつけた神代たちは、大村を暗殺すべく9月4日の暮六ツ（午後6時）頃に旅館に駆け付けました。神代たちは刺客を3つの組に分けました。

第1組（玄関から先駆けて襲撃）　団・金輪
第2組（玄関から後陣で襲撃）　伊藤・太田・宮和田

第3組（裏口に回り込む）　神代・五十嵐・関島

第1組は先駆けとして第2組と共に玄関から襲撃を行い、神代たちがいる第3組は裏手に回って旅館から逃れる大村たちを迎え討つ作戦でした。

まずは第1組の2人が玄関に入り、団が「萩原俊蔵（秋蔵とも）」という偽名の手札（名刺）を渡して、山田善之助に取り次ぎを頼みました。

団「大村先生にお目にかかりたい。長州藩の者で、かねてより先生をよく存じ上げておる。御取り次ぎを願いたい」

山田はその旨《むね》を大村に伝えると、

大村「もはや夜分だから、公用ならば明日役所へ来てくれ、私用ならば明後日にしてくれ」

と答えました。山田はそれを伝えると、刺客2人はこう懇願しました。

団・金輪「いや、ぜひ今晩、御面談いたしたく、わざわざ推参《すいさん》いたしました。なにとぞ、今一度その旨、御取り次ぎください」

そして、山田がやむなく大村の許《もと》へ再び向かおうと刺客2人に背中を向けた瞬間でした。団と金輪はおもむろに抜刀《ばっとう》して、山田の右肩を斬り下ろしました。

金輪「大村は国賊《こくぞく》であるから討ち果たす！　じゃまするなら家来も討ち果たすぞ！」

金輪はそう叫びつつ刀を振り回したといいます。不意の一撃を受けた山田は即死し、それを合図に刺客たちは大村がいる奥の座敷に迫りました。

■窓から逃げた！

団が襖《ふすま》を倒して座敷に踏み入れると、その拍子で灯火《ともしび》が消えました。団は暗闇の中で、大村らしき者に斬り付けます。

大村「おのれ曲者！」

眉間を切っ先で斬り付けられた大村が叫びつつ、愛刀で迎え討ちますが、鞘のまま受け止めて鞘走りしたため、左の指さきと右の股関節に深手を受けてしまいます。

安達「賊だ！　賊だ！」

窓際にいた安達が叫び、3人のうちの誰かが鴨川に面した窓から河原に飛び降りました。これを大村だと知った団がその後を追いました。

■鴨川で待ち構えていたのは……

その頃、鴨川の河原では神代たち第3組が作戦通りに待ち構えていました。

座敷から飛び降りてきた者を、追い掛けてきた団が後頭部に斬り付けたところへ神代が迫りました。神代は左肩から激しく斬り付け、暗闇の鴨川で、ついに暗殺に成功したのです。

神代は団に聞きました。

神代「大村に相違ないか⁉」

同じ長州藩出身であったものの、活躍の場が違った大村の顔を神代は知りませんでした。しかし、団は大村を見たことがあったようです。

団「相違ない！」

それを聞いた神代は、悲願を達成して思わずこう叫びました。

神代「しめた、しめた！」

そして、神代は団と共に鴨川を渡って、その場を逃れました。

その後、続いて座敷から飛び出した静間も、第3組の五十嵐に斬られ、小宴をしていた大村たち3人のうち、2人は鴨川の河原で無残に斬殺されてしまいました。

■まさかの人違い！

こうして大村益次郎襲撃事件は、神代たちの計画通りに遂行されたようにみえました。しかし、実はこの時、大村はまだ生きていました。

重傷を負ったものの、暗闇の中の混乱で座敷から密かに抜け出した大村は、階段を降りて1階の浴室に逃げ込み、浴槽の中に身を潜ませていたのです。河原の方からは、

「大村先生を討ち取った！」

という声が聞こえて戦闘は終息し、神代と団に続いて刺客たちは現場から逃走しました。難が去ったことを知った大村は、浴槽から出てきて、旅館の手配で呼ばれた医者の治療を受けています。

座ったまま斬り付けられた大村は頭や膝など6ヶ所の大きな傷を負っていました。この時、大村はこれだけの大事があったにもかかわらず、平然たる態度で、

「皆さん、御心配くださってありがとうございます。私もしばらく栄螺《さざえ》の真似をしていました」

と冗談を言ったといいます。

神代たち刺客8人は、襲撃の正当性を主張するための「斬奸状《ざんかんじょう》」を所持していました。そこには次のような一文が記されていました。

「(大村益次郎は)専《もっぱ》ら洋風を模擬し、神州(日本)の國體《こくたい》(国体)を汚し、朝憲《ちょうけん》(朝廷が定めた掟《おきて》)を蔑《ないがし》ろにし、蠻夷《ばんい》(野蛮人)の俗を醸《かも》し成す」

つまり「洋風を真似て日本を汚し、朝廷を蔑ろにして、野蛮人となっている」ということであり、大村の急進的な洋式軍制改革が、襲撃事件の原因だったことが分かります。また、後に神代は、

「開港の説を主張した大村氏を速やかに殺害しなければ、王政御一新《ごいっしん》の目的は果たせない」

と話すと共に、「討ち取った首は、大村氏の首でないと聞いて仰天《ぎょうてん》した」とも述べています。

大村は「火吹き達磨」というあだ名と肖像画を見て分かる通り、一目《ひとめ》見たら忘れられないかなり独特な容貌をしています。同じ長州藩ということもあったので、もう少しリサーチをしておけば、襲撃時に討ち漏らすことはなかったのではないかと思います。

■2ヶ月後に果たされた暗殺計画

さて、刺客の一人の宮和田は襲撃時に深手を負って亡くなり（逃走中に斬首を願い出て五十嵐が介錯したとも）、実行犯となった6人は神代を除いて、9月中に次々と捕縛されました。そして、この年の12月29日に京都の粟田口《あわたぐち》の刑場で斬首の上、梟首《きょうしゅ》（斬首した罪人の首を木にかけてさらすこと）の刑に処せられました。

首謀者の神代は、なかなか捕縛されませんでしたが、6人の実行犯よりも先に亡くなっています。

神代は京都から逃れ、豊後の姫島（大分県姫島村）に潜んだ後に、長州の山口へ戻った際に捕縛の手に掛かりました。その際に、捕縛を良しとしなかった神代は切腹を試みたそうです。割腹《かっぷく》したために先が長くないと捕吏《ほり》に判断され、その場で神代は斬首されたといいます。

また、別の説では、10月12日に山口の揚《あが》り屋（留置所）に収監されて取り調べが行われた後、10月20日に斬首が決定して、あまり日を置かないうちに刑が執行されたと言われています。長州藩は藩内にまだ潜んでいた過激な尊王攘夷派の者たちを厳しく取り締まっていくということを示すためにも、神代を長州藩で断罪に処して見せしめとすることに拘っていたといいます。

さて一方で、重傷を負った大村も、神代の死から約2週間後の11月5日に亡くなっています。死因は敗血症《はいけつしょう》（感染が原因の臓器障害）でした。大村は襲撃時に浴槽に潜みましたが、この時、浴槽には使用した後の汚れた水が入っていたため、右膝の傷口から菌が入って敗血症となってしまったのです。

蘭医のボードウィンによる右大腿部の切断手術が行われたものの、勅許《ちょっきょ》を得ることに手間取ったため（要人の手術は勅許が必要だった）、高熱を発して亡くなってしまいました。享年46でした。

こうして、神代の暗殺計画は襲撃時には失敗したものの、それからおよそ2ヶ月後に達成されたのでした。

■日本で初めての西洋式銅像

明治26年（1893年）、戊辰戦争で亡くなった方たちを祀《まつ》るための「東京招魂社《とうきょうしょうこんしゃ》」の建立に大村が貢献したことから、明治26年（1893年）に日本初の西洋式銅像として大村の銅像が建てられました。東京招魂社は明治12年（1879年）に「靖国《やすくに》神社」と改称されて現在に至り、大村の銅像も建設当時のまま残されています。

襲撃当時のものを残すものはほとんど残されていませんが、現場となった跡地の近くには「大村益次郎卿遭難之碑」が建てられています。

また、大村の襲撃事件から遡《さかのぼ》ること5年。ほぼ同じ場所で「人斬り彦斎」こと河上彦斎（164〜183ページ参照）によって、松代藩の兵学者・佐久間象山が暗殺されました。そのため大村の遭難の碑の隣には「佐久間象山遭難之碑」が建てられています。

一方、斬首された神代の亡《な》き骸《がら》は、ひとまず山口の地に埋葬されました。その後、京都で斬首された他の6名と共に梟首されると決まったものの、理由は定かではありませんが、神代の首が京都に送られることは結局ありませんでした。そして、神代の遺骸はそのまま捨て置かれ、埋葬された場所や墓所は今も定かではありません。

現代に残る実行犯ゆかりの史跡

兵部大輔従三位大村益次郎公遺址

大村が襲撃された宿舎の跡。正面の高瀬川を挟んだ所に「大村益次郎卿遭難之碑」が建立されている。隣接地には桂小五郎(木戸孝允《たかよし》)と恋仲だった幾松《いくまつ》の住居跡があり「桂小五郎・幾松寓居趾」の石碑が建てられている。

[京都府京都市　中京区上樵《かみこり》木《き》町《ちょう》]

大村益次郎卿遭難之碑

大村が神代直人らに襲撃された宿の西側に建立された石碑。高瀬川の畔に位置する。隣には大村襲撃の5年前にこの地で暗殺された佐久間象山を悼んだ「佐久間象山遭難之碑」が建てられている。

[京都府京都市　中京区二条木屋町一之船入町]

大村益次郎銅像

明治26年(1893年)に建立された日本初の西洋式銅像。大村が創建に尽力した東京招魂社(靖国神社)の参道に建てられている。陣羽織をつけて双眼鏡を手にしている姿は、「戊辰《ぼしん》戦争」の中でも激戦として知られる「上野戦争」で指揮を執《と》った時の様子と言われる。

[東京都千代田区　九段北]

大村益次郎墓

大阪の病院で亡くなった大村の遺骸は、瀬戸内海を船で故郷に運ばれ、生家に近いこの地に埋葬された。隣には妻の琴子の墓があり、南には大村を祀った「大村神社」が建てられている。

[山口県山口市　鋳銭司《すぜんじ》今宿東]

写真提供／長谷川ヨシテル(右上)

日本史の実行犯　十三

島田一郎《しまだいちろう》

「紀尾井町事件」明治11年（1878年）

明治維新の立役者・大久保利通《おおくぼとしみち》を暗殺した男

どんな人物？

○加賀藩（石川県）の藩士で「戊辰戦争」で軍功を挙げる
○明治時代に士族（元武士）を蔑《ないがし》ろにする新政府に憤慨
○同志と計画を立て、参議の大久保利通の暗殺計画を決行した

ターゲット
大久保利通《おおくぼとしみち》

薩摩藩士。西郷隆盛《たかもり》らと共に倒幕を牽引。明治新政府では幹部となり「版籍奉還《はんせきほうかん》」や「廃藩置県《はいはんちけん》」などを断行。「維新の三傑」に数えられる。しかし、明治11年（1878年）に不平士族の島田一郎（石川県士族、元加賀藩士）らの襲撃を受けて、紀尾井町（東京都千代田区）で暗殺された。

その他の重要人物

■実行犯一団

長　連豪《ちょうつらひで》：元加賀藩士、石川県士族

杉本乙菊《おとぎく》：元加賀藩士、石川県士族

脇田功一《こういち》：元加賀藩士、石川県士族

杉村文一《ぶんいち》：元加賀藩士、石川県士族

浅井寿篤《としあつ》：元鳥取藩士、島根県士族

■山田浅右衛門《あさえもん》

江戸時代に刀剣の試し斬り役を務めていた山田家の当主が代々名乗った名称。死刑執行人も兼ね「首斬り浅右衛門」や「人斬り浅右衛門」とも呼ばれた。一郎らを処刑したのは、9代の山田浅右衛門吉亮。

あっという間の暗殺劇！
誇り高き加賀藩士の決死の訴え

明治維新の立役者となった大久保利通《おおくぼとしみち》。幼なじみの西郷隆盛や長州藩出身の木戸孝允《きどたかよし》と共に「維新の三傑」に数えられています。

その大久保は、紀尾井町《きおいちょう》において襲撃され最期を迎えました。いわゆる「紀尾井坂の変」です。その暗殺を実行した刺客6人の中心人物こそ「島田一郎《しまだいちろう》」という31歳の元加賀藩士だったのです。

幼名を「助太郎」、諱《いみな》を「朝勇《ともいさみ》」という島田は、嘉永元年（1848年）に加賀藩（石川県金沢市）の足軽の子として生まれました。

15歳で割場附足軽（勤務を割り当てる人事部の下級武士）となり、やがて壮猶館《そうゆうかん》（洋式兵学の訓練所）で稽古方手伝（指導者の候補生）となり兵学を学びました。

『西南記伝』によると「身長は5尺3寸（約160㎝）」で「風采、威厳あり」と称され、小さい頃から真っ直ぐで豪快な性格だったそうです。幼少期に友人との口ケンカの末に、「それなら食ってみろ！」と犬の糞を指し出された時は、それを実際に食べてしまったと言われています。

元治元年（1864年）には「第一次長州征伐」に従軍し、翌年は京都に派兵されました。明治元年（1868年）の「戊辰戦争」では北越各地で転戦し、負傷したものの、軍功により足軽よりも身分が高い御歩並《おかちなみ》に昇格しました。

戊辰戦争後には東京守衛の金沢藩兵として上洛すると、明治4年（1871年）4月には仮少尉、同年6月には少尉、同年9月には準中尉と出世したものの、明治新政府の「版籍奉還」によって藩兵は解散し、島田は帰省することになりました。

その後、兵学修業を命じられてすぐに再上京し、陸軍士官の塾でフランス式兵学を学び始めました。

■士族の復権に奔走！

身分は低いながらものエリートコースを順風満帆に歩んでいた島田でしたが、「明治六年の政変」によって人生は大きく変わってしまうのです。

この政変は「征韓論《せいかんろん》」（朝鮮を武力によって開国させるようとする主張）を巡る明治政府の内部対立に端を発したものでした。

西郷隆盛や板垣退助《たいすけ》、江藤新平《しんぺい》らは「征韓論」を主張しましたが、結局は岩倉具視《ともみ》や木戸孝允《たかよし》、大久保利通らに反対され、西郷らは一斉に下野《げや》（官職を捨てて民間に下ること）してしまいました。

この政変によって、明治新政府の実権は岩倉、木戸、大久保ら一部の者が握ることになったのです。

「征韓論」を支持していた島田は、この政変を聞いて憤怒したといいます。

また、これに前後して「徴兵制」や「廃刀令」など、明治政府の急進的な改革により士族の特権が失われていたことも重なり、島田は軍人としての出世を捨てて、元武士である士族が政治に携《たずさ》われるよう、国事に奔走《ほんそう》する道を選ぶことにしたのです。

「明治六年の政変」後に、各地で士族の反乱が起きました。明治7年（1874年）の「佐賀の乱」、明治9年（1876年）の「神風連の乱」「秋月の乱」「萩の乱」などがそうです。

島田は金沢の三光寺《さんこうじ》（忍者寺で有名な妙立寺《みょうりゅうじ》の隣）を拠点に活動し、県下有数の政治勢力（三光寺派：不平士族の一派）を築いていました。

そこで、九州を中心とした不平士族の反乱に呼応《こおう》して挙兵し、新政府を挟み撃ちにしようと計画を立てましたが、思い通りに兵が集まらず、計画は頓挫《とんざ》してしまいます。

■石川県人としての誇り

明治10年（1877年）には「西南戦争」が勃発《ぼっぱつ》しました。

島田「此度《こたび》こそは挙兵を！」

島田は各地を奔走し、出羽庄内の同志の力を借りれば挙兵できるところまでこぎつけました。しかし、島田は最終的にこれを断ってしまいます。

島田「どうして庄内人などの力を借りる必要があるのだ！」

石川県人の力を過信していたきらいがある島田は、この挙兵を同郷の同志だけで行いたいと考えていたようです。

これは加賀藩（版籍奉還後に「金沢藩」と改められる）が戊辰戦争や明治維新の際に大きな功績がなかったという負い目《おめ》が島田にあったためだと考えられます。結局、この時も挙兵に失敗しました。

■暗殺計画も包み隠さない

そして、不平士族の拠《よ》り所《どころ》であった西郷の死によって追い詰められた島田は、挙兵ではなく要人暗殺に方策を転じることになります。島田は士族を政権から追いやった政府の要人たちが、私権を揮って国家を悪い方向へ導いていると信じて疑わなかったようです。

島田「この度、西郷さんが2人の佞臣《ねいしん》のために倒されたことは自分には耐えられない！　ゆえに自分はこの両人を殺害したい！」

島田は近い人物にこう述べたといいます。島田の言う両人とは「維新の三傑」の木戸孝允と大久保利通でした。

しばらくすると木戸が病死したため、島田の標的は大久保ただ一人となります。

「国家のために大久保参議を殺害する所存なり！」

「大久保参議を斬る所存なり！」

島田は同志を募るため奔走し、暗殺計画を包み隠さず話したといいます。また島田は、自分の個人的なことについても飾らずに話すような人物だったそうで「誠に愉快な人」と後に評されています。

■明治新政府への決死の訴え

明治11年（1878年）3月25日、島田はいよいよ東京に向けて金沢を出発しました。出発にあたって、離縁した妻に遺書めいた長い手紙を書き、十首の歌を付しました。そして、その他にも多くの歌を残しています。そのうちの一首は、特に死を覚悟した内容になっています。

「かねてより　今日のある日を知りながら　今は別れと　なるぞ悲しき」
（かねてから、今日という日が来ることを知っていたが、いざ別れとなると悲しいものだ）

4月上旬、島田は東京に到着し、四谷の林屋（現・四谷中学校の校庭）を宿舎として、5人の同志と共に大久保の動向を探りました。

5人の同志とは島田と同じく加賀藩士であった長連豪《ちょうつらひで》、杉本乙菊《すぎもとおとぎく》、脇田巧一《わきだこういち》、杉村文一《すぎむらぶんいち》と、鳥取藩士であった浅井寿篤《あさいひさあつ》でした。

入念な探索の結果、大久保は4と9のつく日に出仕することが分かり、乗車する馬車や経路も把握することが出来ました。5月7日、8日に再び林屋に集まると、決行日を5月14日と決定しました。

決行するにあたって島田は犯行表明と取れる「斬奸状《ざんかんじょう》」を加賀藩士だった陸義猶《くがよしなお》に依頼して作成しました。そこには政府に対する5つの罪状が列挙されていました。

［斬奸状］

其一、公議を途絶し、民権を抑圧し以《もっ》て政治を私《わたくし》す

（国会や選挙を開設せず、民権を抑圧、政治を専制独裁している）

其二、法令謾施、請託公行、恣《ほしいまま》に威福を張る

（法令を欺《あざむ》いて出し、また官吏の登用に情実が使われ、私腹を肥《こ》やし威張っている）

其三、不急の土木を興し、無用の修飾を事とし、以て国財を徒費す
（不要な土木事業により、国費を無駄遣いしている）
其四、慷慨《こうがい》忠節の士を疏斥《はいせき》し、憂国敵愾《てきがい》の徒を嫌疑し、以て内乱を醸成す
（忠義ある志士を排斥して、国を憂い憤る仲間に嫌疑をかけ内乱を引き起こした）
其五、外国交際の道を誤り、以て国権を失墜す
（外交政策の誤っているため、国威を貶《おとし》めている）

大久保は新政府を確立するためには30年はかかると考えていましたが、そういった長期的な考えは島田などの不平士族には届かなかったようです。

■大久保の馬車をじっと待つ

そして、時は明治11年（1878年）5月14日を迎えます——。

午前7時30分頃、島田を含む6人の刺客は斬奸状を懐《ふところ》に入れ、林屋を後にしました。

かねての打ち合わせ通り、2、3人ずつに分かれて歩き、無地の羽織を身にまとった島田は少し後から遅れて行ったといいます。

間もなくして、6人は暗殺決行の場所に辿り着きました。

その場所は、紀尾井町清水谷にある北白川宮《きたしらかわのみや》邸（現・東京ガーデンテラス紀尾井町）と壬《み》生《ぶ》邸（現・ホテルニューオータニ）に挟まれた、人通りの少ない細い道でした。

島田は、前日に石橋の下に竹筒に入れて隠しておいた長刀を手にした後、身を隠して大久保の馬車をじっと待ちました。


午前8時頃、大久保は霞ヶ関の私邸を出て赤坂の仮皇居へ向かいました。馬車は赤坂御門前で右に入って紀尾井町へ進み、いよいよ島田が待つ道へ差し掛かりました。

馬車が石橋を渡るや否や、馬車の右手側にあたる北白川宮邸の草むらから、刺客のうちの2人が馬車の前に現れ、馬丁（馬の口を取って引く人）の制止の声を無視して隠し持っていた刀で馬の脚に斬り付けました。

この一刀は失敗しましたが、第二刀を浴びせて馬車を止めました。これとほとんど同時に、島田は背後から馬車に駆け寄ります。

御者は斬り捨てられ、馬丁は助けを求めにその場を脱出しました。残るは大久保利通、ただ一人――。

■一瞬の暗殺劇

大久保は馬車内で書類を読んでいましたが、襲撃に気付き、左側からの扉から脱出を試みました。

しかし、その扉の外には島田が待ち構えていました。島田は自ら馬車の扉を開き、左手を伸ばして大久保の右手を力いっぱい摑みました。

「無礼者！」

大久保が一喝しましたが、それを遮るように島田は大久保に斬り付けます。

その一刀は大久保の眉間を斬り裂き、続いて大久保の腰に刀を突き刺しました。さらに、反対側の扉に駆け付けた刺客も、扉を開けて大久保に斬り付けました。この時の大久保の様子を、「大久保が、余（島田のこと）を睨《にら》みし顔の凄く怖しさ。苦痛故か、無念故か、何とも言われぬ面色は、今に忘れず」と島田が後に振り返ったと『西南記伝』には記されています。

馬車の中にいる大久保に斬り付けた刺客は、大久保を馬車から引きずり出しました。重傷を負っていた大久保は、なおもよろよろと歩いたといいます。島田はふらつく大久保を斬り捨て、大久保はとうとう力尽きました。

「首は取るな。武士は止《とど》めを刺すのが礼だ」

首を持っていくことを制した島田は、最後に短刀で大久保の喉を突いたといいます。時刻は午前8時30分頃。あっという間の出来事でした。

■「役人以外は皆同志」

島田は暗殺直後の様子を後にこう振り返っています。

「この時、声が嗄《か》れて喉が渇き、動悸が強くその場に倒れそうになった。何とか気を取り直して、ようやく傍らの溝へ這い寄り水を飲んで喉を潤し、人心地になった」

『西南紀伝』によると相当な興奮状態にあったようです。この時の湧き水は涸《か》れてしまったそうですが、「清水谷公園」の前には当時の湧き水が復元されています。

また、この事件は一般的に「紀尾井坂の変」と呼ばれていますが、実際は紀尾井坂ではなく、その200mほど手前で起きています。

しかし、事件直後から「紀尾井坂」が暗殺現場の地名の「紀尾井町」と混用され、誤った方の「紀尾井坂」が定着してしまったと言われています。

暗殺を終えた島田一行は、赤坂の仮皇居に向かい、守衛に対して声高にこう述べたそうです。

「拙者《せっしゃ》どもは只今、紀尾井町において大久保参議を参朝の途中に待ち受けて殺害に及びたれば、宜《よろ》しくこの旨を申し通じ、相当の処分を施《ほどこ》されよ」

すると、守衛は名前を尋ねてきました。それに対して島田は、

島田一郎「委細、この如くだ」

と懐の斬奸状を差し出しました。斬奸状に目を通した守衛が、「まだまだ同志の者があるか」と尋ねると、こう答えたといいます。

島田一郎「左様でございます。国民3千万人のうち、官吏を除いた外は皆同志であります」

■斬首役もその矜持《きょうじ》に感じ入る

その後、島田らは鍛冶橋《かじばし》の監獄に送られました。そこで島田は息子の太郎に対して訓言を残しました。そこには「忠孝・文武の道を忘れないこと」「正邪を明らかにすること」「母を大切にすること」など、武士としての心構えが記されています。

そして、それから約2週間後の7月27日に国事犯である島田に対して判決が下されました。

判決は斬罪。判決直後直ちに処刑が行われました。享年は31でした。

吉田松陰の首も斬り落とした斬首役の山田浅右衛門《あさえもん》が、島田の首を落とす前に「何か申し遺すことはあるか」と尋ねました。

すると島田は無造作に首を振り、

「いや、この期に及んで何も申し遺すことはなし」


と泰然自若《たいぜんじじゃく》としていたため、浅右衛門はその姿に思わず感じ入ったといいます。

島田たちが暗殺の際に使用した刀の一振《ひとふり》は「警視庁」に保管されており、襲撃の激しさを物語る刃こぼれなどを現在でも見ることが出来ます。

また、大久保が乗っていた馬車も岡山県倉敷市の「五流尊瀧院《ごりゅうそんりゅういん》」に現存しており、襲撃時の血痕や刀傷などを目の当たりにすることが出来ます。

清水谷の湧水(復元)

「清水谷公園」に復元された湧水の井戸。かつてこの付近は清らかな湧き水が豊富に湧き出し、通行人に喜ばれたという。また、井伊家と紀州徳川家の屋敷の境目が「谷」だったことから「清水谷」と呼ばれるようになったとされる。

[東京都千代田区　紀尾井町]

贈右大臣　大久保公哀悼碑

大久保の死を悼んで、明治21年(1888年)に建立された石碑。「清水谷《しみずだに》公園」の敷地内に立っている。表面の碑文は太政大臣《だいじょうだいじん》の三条実美《さんじょうさねとみ》の揮毫《きごう》によるものである。近くには清水谷の由来となった湧き水が復元されている。

[東京都千代田区　紀尾井町]

林屋跡

島田らが使用した旅籠《はたご》の跡。江戸三十六見附の一つの四谷見附(現・四ツ谷駅)の向かいに位置し、現在は新宿区立四谷中学校の校庭になっている。大久保を襲撃した現場から真田堀(現・上智大学真田堀グラウンド)を挟んで約800mの距離がある。

[東京都新宿区　四谷]

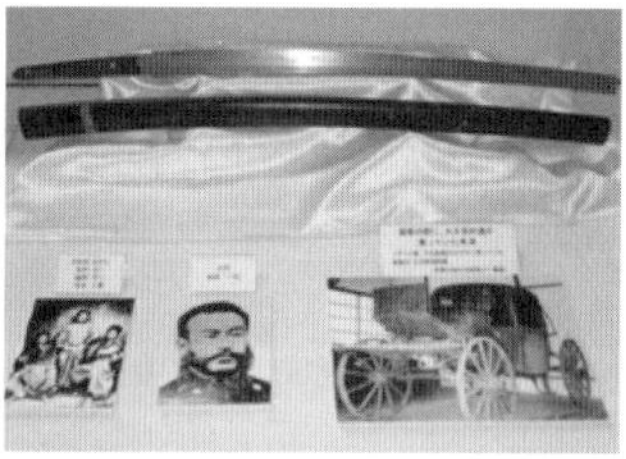

暗殺に使われた島田の刀

島田が大久保利通を斬った時に使用した刀。襲撃の激しさを物語る刃こぼれが残されている。現在は「警視庁」の警察参考室に展示されており、事前受け付けをすれば見学をすることができる。

[東京都千代田区　霞が関]

写真提供/警視庁ホームページより(右下)、長谷川ヨシテル(右上、左上、左下)

コラム

大化の改新

「乙巳《いっし》の変」皇極4年（645年）

蘇我入鹿《そがのいるか》を討ったのは、中大兄皇子《なかのおおえのみこ》でも中臣鎌足《なかとみのかまたり》でもなかった

「中大兄皇子」と「中臣鎌足」によって推し進められたと言われる「大化の改新」。

天皇中心の国家づくりを目指したこの改革は「乙巳の変」と呼ばれるクーデターによってもたらされました。

この政変の折、時の権力者である「蘇我入鹿」を斬り伏せた人物こそ「佐伯子麻呂《さえきのこまろ》」という一人の武人だったのです。

「古麻呂」とも記される佐伯子麻呂の生年や出身地などについては、詳しく分かっていません。河内国河内郡（現・大阪府八尾市、東大阪市）の周辺を拠点とし、朝廷の軍事を担っていた豪族だと言われています。

当時のことを知るために必須の史料である『日本書紀《にほんしょき》』には、子麻呂は「皇極《こうぎょく》天皇」の御世に初めて登場します。

皇極天皇は、夫である「舒明《じょめい》天皇」の後を継いだ女帝であり、中継ぎの天皇という一面があったため、政権内では次に誰が皇位に就くのかという権力争いが盛んになっていたところでした。

そういった時勢の中、台頭したのが蘇我入鹿でした。舒明天皇の崩御の翌年（642年）に皇極天皇が即位すると、父・蘇我蝦夷《そがのえみし》から蘇我氏の族長を譲られ、国政を執り始めました。

その入鹿が次期天皇に就けようとしたのが「古人大兄皇子《ふるひとのおおえのみこ》」でした。

古人大兄は母が蘇我氏の出身で、入鹿の従兄弟《いとこ》に当たります。この人物を皇位に就けて政権を思いのままに操ろうと画策したといいます。

そのため入鹿は、皇極2年（643年）には、皇位継承者の一人であった「山背大兄王《やましろおおえのおう》」（聖徳太子《しょうとくたいし》の息子）を襲撃して滅ぼしています。

■蘇我入鹿の策略を阻む者たち

ここで、国家を掠《かす》め取ろうとする入鹿の企《くわだ》てに異を

唱えたのが、中大兄皇子と中臣鎌足でした。『日本書記』には、有名な2人の出会いの場面が記されています。

中大兄がある時、法興寺の木の下で蹴鞠《けまり》をしていると、沓《くつ》が脱げてしまいました。それを拾い、跪いて両手で丁寧に渡したのが、中臣鎌足だったそうです。

2人はそれをきっかけに親しくなり、入鹿を討つための作戦を練ったといいます。

中大兄と鎌足は、入鹿と敵対する蘇我氏の「蘇我倉《そがのくら》山田石川麻呂《やまだのいしかわまろ》」を説き伏せて味方につけ、さらに鎌足は入鹿を討つための2人の刺客を中大兄に提案しました。

その2人というのが「武勇強断」「膂力扛鼎《りょりょくこうてい》」の武人として知られた佐伯子麻呂と葛城稚犬養網田《かずらきのわかいぬかいのあみた》でした。対立関係を整理すると、次のようになります。

【対立関係】
〈中大兄皇子・中臣鎌足・蘇我倉山田石川麻呂・佐伯子麻呂・葛城稚犬養網田〉
→←
〈古人大兄皇子・蘇我入鹿・蘇我蝦夷〉

そして、時は皇極4年（645年）6月12日を迎えます――。

皇極天皇の皇居である「飛鳥板蓋宮《あすかいたぶきのみや》」の大極殿《だいごくでん》では「三韓の調《みつのからひとちょう》」という儀式が行われることになっていました。

これは三韓（新羅《しらぎ》・百済《くだら》・高句麗《こうくり》）からの使者が日本に対して調（貢ぎ物）を進上する儀式で、蘇我氏をはじめとした豪族たちが出席することになっていました。

■いざ襲撃の時！　しかしトラブルが……

子麻呂は、入鹿に先駆けて宮廷に控えていたと思われます。

入鹿は降りしきる雨の中、宮廷を訪れました。入鹿は非常に猜疑心《さいぎしん》の強い人物で、常に剣を帯びていたそうです。

そこで鎌足は俳優《わざひと》（宮廷に仕えるお笑い芸人）を使って、宮廷に入る入鹿から剣を預かるように一策を講じています。この策に引っ掛かってしまった入鹿は、笑いながら俳優に剣を預け、大極殿に入り運命の座に着きました。

儀式が始まると、事前の計画通り、石川麻呂が御座の前に進んで三韓の上表文を読み上げ始めました。

それを合図に中大兄は、12ヶ所ある通門を出入りができないように一斉に固めて兵を集めました。

中大兄は長槍を、鎌足は弓矢を持って大極殿の脇に隠れました。そして、鎌足は箱の中から2本の剣を取り出させ、刺客である子麻呂と網田に授けました。

鎌足「抜からず、素早く斬れ！」

鎌足が2人に声をかけますが、武勇で知られたはずの子麻呂たちは、緊張と恐怖を隠しきれません。

子麻呂たちは、襲撃の前の腹ごしらえで飯を食べようとしましたが、緊張のあまり全く喉に通りませんでした。そこで飯を水で強引に流し込もうとした子麻呂たちですが、恐怖のためすぐに吐き出してしまったそうです。

それを見た鎌足は、非常事態に慌てたのでしょう、2人を責めながら励ましたといいます。

■異変に気付いた入鹿

刺客たちが落ち着かない中、上表文を読み終えようとしていた石川麻呂は慌てていました。

石川麻呂「(子麻呂たちは、なぜ出てこない……!)」

上表文を読み終えるまでに、刺客の子麻呂たちが飛び出てきて入鹿を斬るという計画だったのに、一向に子麻呂たちは出てこないのです。

それもそうです、大極殿の脇で飯と水を吐き出していたので、出てくるわけがありません。

すると、この状況に焦った石川麻呂にも異常が生じ始めました。全身から汗が噴き出し、声が乱れた上に手が震え始めたのです。それを見た入鹿は怪しみ、こう問い詰めたといいます。

入鹿「なぜ、震えているのだ」

石川麻呂は、この窮地を脱しようと次のように言い訳をします。

石川麻呂「天皇にお側近《そば》いので、恐れ多くて汗が流れてしまいまして……」

入鹿の質問に対する答えになっていないあたりに、石川麻呂が取り乱していた様子が見て取れます。この時、刺客に指名された子麻呂たちはというと、入鹿の威圧感に押され全く動けない状態でした。

作戦は失敗か、と思われたその時でした——。

■決死の襲撃

「やあーっ!!」

大きな掛け声と共に大極殿の脇から飛び出したのは、中大兄でした。

その突撃に勇気をもらったのか、子麻呂たちも共に飛び出し、剣で入鹿の頭から肩にかけて斬り付けます。

驚いて席を立とうとした入鹿に対して、続けて子麻呂が剣を揮《ふる》い、入鹿の片足を斬り払いました。

足を払われて転んだ入鹿は御座の前に辿り着き、皇極天皇に訴え掛けました。

入鹿「私に何の罪があるのか！　その訳を言ってください！」

すると、天皇は驚いて中大兄に問いただします。

皇極天皇「これは一体、何が起きたのだ！　どうしてこのようなことをする！」

中大兄は平伏してこう答えました。

中大兄「入鹿は皇子たちを全て滅ぼし、王位を傾けようとしています！　入鹿が天子に代わることなどできましょうか！」

その答えを聞いた天皇は、宮廷の奥へ入っていきました。

一人取り残された傷を負った入鹿――。その止めを刺した主たる武人が、子麻呂でした。入鹿の首は落とされ、栄華を極めた蘇我氏の族長はあっけない最期を迎えました。

この時、胴を離れた入鹿の首は、鎌足を追い掛け回したという逸話が残されています。

入鹿の遺骸から流れる血は、降りしきる雨がよって洗い流され、庭は雨水でいっぱいになっていたといいます。その光景を哀れに思ったのか、入鹿の遺骸に筵《むしろ》や蔀《しとみ》が何者かによって掛けられたそうです。

■蘇我氏の滅亡

この翌日、入鹿の父の蝦夷《えみし》は中大兄らの軍勢に屋敷を囲まれ、火を放って自害しました。こうして「乙巳の変」は幕を閉じ、中大兄と鎌足による政変は成功を収めました。

その後、蘇我氏の権力を背景にして、中大兄と皇位を争っていた古人大兄は、出家をして大和国の吉野に隠棲しました。しかし、謀反の噂が流れたため、中大兄に軍勢を派遣され討ち取られてしまいました。

この時、兵40人を率いて古人大兄とその子を討ったのも、佐伯子麻呂でした。

■死後、高位を贈られた子麻呂

「乙巳の変」で大きな功績を残し「大化の改新」の一翼を担った子麻呂は、天智《てんじ》5年（666年）に病床に就きます。

子麻呂の先が長くないと知った「天智天皇」は、子麻呂のお見舞いに自ら訪れたといいます。この天智天皇こそ、ご存知の通り、即位を果たした中大兄皇子でした。

天智天皇は病床の子麻呂の功績を大いに称えると共に、病に臥《ふ》せる子麻呂を見て嘆き悲しんだといいます。

これから間もなくして子麻呂は亡くなるのですが、その死後に大錦上《だいきんじょう》（天武天皇の御世の官位：26階中の7位）の高位を贈られています。

そして、死後90年以上後の天平宝字《てんぴょうほうじ》元年（757年）には、律令制の功労者に給与される功田《こうでん》を与えられ、上功（4つの功のうちの上から2番目）として40町6段（40万2600㎡：東京ドーム約8・6個分）の土地が子孫に与えられ、3代にわたって伝えられたといいます。

ちなみに、佐伯子麻呂が功績を挙げたという「乙巳の変」を詳しく記した『日本書紀』は後世に書かれたもので、多大に脚色・誇張・虚構された部分があり、実は暗殺現場の大極殿が当時はなかったと言われており、蘇我入鹿の専横や中大兄皇子と中臣鎌足の活躍は事実と異なるのではないかという見方がされています。

現在、事件当時を偲《しの》ぶ遺構はほとんどありませんが、暗殺の現場となった「飛鳥板蓋宮」の跡地と言われる史跡や、入鹿の首が飛んで行ったという場所（板蓋宮から約600ｍ北）には「蘇我入鹿の首塚」と呼ばれる五輪塔が残されています。

第三章

鎌倉・室町

日本史の実行犯 十四

曽我兵庫《そがひょうご》

扇谷上杉《おうぎがやうえすぎ》氏の家宰《かさい》・太田道灌《おおたどうかん》を謀殺した男

どんな人物？

○相模（神奈川県）を拠点にした扇谷上杉家の新参の家臣
○太田道真《どうしん》（道灌の父）に目を掛けられ、次期当主の上杉朝良《ともよし》の家宰となる
○道灌の謀反の噂が流れ、主君の命に従い刺客となった

ターゲット
太田道灌《おおたどうかん》

扇谷上杉氏（関東管領《かんとうかんれい》の一族）の家宰。「長尾景《かげ》春《はる》の乱」などの関東の争乱で活躍し、江戸城や河越《かわごえ》城などを築いた。しかし、文明18年（1486年）に、家臣の道灌の台頭を恐れた主君の上杉定正《さだまさ》に屋敷に招かれ、刺客となった蘇我兵庫に浴室で斬られて亡くなった。

その他の重要人物

■上杉定正

関東管領の一族である扇谷上杉氏の当主。太田道灌の主君。「長尾景春の乱」を道灌の活躍によって鎮圧。しかし、道灌に謀反の疑いが出たことをきっかけに、道灌を居館に招いて謀殺した。

■上杉朝良

上杉定正の養嗣子。兵庫が家宰を務める。養父の定正から、武芸を身に付けるように注意を受けるなど、文弱な人物であった。

■太田道真

扇谷上杉氏の家宰。太田道灌の父。「享徳《きょうとく》の乱」や「長尾景春の乱」などで道灌と共に武功を挙げる。新参だった兵庫に目を掛けて、上杉氏の家中で引き立てたという。

■長尾景春

山内上杉氏の家臣。父の死後に家宰の地位を相続できなかったことから「長尾景春の乱」を起こした。反乱は関東一円に拡大したが、太田道灌の活躍によって鎮圧され亡命した。その後も山内上杉氏に度々叛旗を翻した。

大活躍の裏で流された「謀反」の噂
戦国きっての名将・太田道灌《おおたどうかん》に仕掛けられた罠

室町時代後期から戦国時代初期にその名を轟《とどろ》かせた文武兼備の名将・太田道灌――。江戸城を築城し、現在の東京の基礎を造ったと言われる道灌は、主君の館に呼ばれ謀殺されました。

その時に道灌を斬った人物こそ「曽我兵庫《そがひょうご》」という者だったのです。

「曽我兵庫助《ひょうごのすけ》」とも言われる兵庫の生年については、詳しく分かっていません。主君の上杉定正の生年は1446年（1443年とも）であり、後に討ち取ることになる同輩の太田道灌の生年は1432年生まれなので、兵庫もそれに近い生年だったかもしれません。

曽我氏は相模国の足柄下郡曽我郷（神奈川県小田原市）を本拠地としていました。

曽我氏の中でも、鎌倉時代初期の祐成《すけなり》と時致《ときむね》の兄弟は、父の仇である工藤祐経《すけつね》を討ち取り「曽我物語」として歌舞伎や能などで演じられたことで知られています。

この仇討ちは武士の鑑《かがみ》とされ「日本三大仇討ち」の一つに数えられています。兵庫もこの曽我氏の一族であると考えられています。

■道灌と同じく「扇谷上杉氏」に仕える

兵庫が仕えた上杉氏は「関東管領」を務める一族でした。関東管領というのは、室町幕府が関東を治めるために設立した「鎌倉公方《かまくらくぼう》・足利氏」を補佐するための役職のことをいいます。

その関東管領・上杉氏は、それぞれ居館を置いた鎌倉の地名にちなみ「山内《やまのうち》上杉氏」、「犬《いぬ》懸《がけ》上杉氏」、「宅間《たくま》上杉氏」、「扇谷《おうぎがやつ》上杉氏」の4つの家に分かれていました。兵庫が仕えた上杉氏というのは、扇谷上杉氏であり、道灌が仕えたのも兵庫と同じ扇谷上杉氏でした。

4家の中で主に関東管領を務めたのは、山内上杉氏と犬懸上杉氏（当時は既に没落）であったため、扇谷上杉氏にとって山内上杉氏は主にあたる存在でもありました（宅間上杉氏も既に没落していた）。

つまり、まとめると次のような主従関係ということになります。

室町幕府
―
鎌倉公方　足利氏
―
関東管領　山内上杉氏
―
扇谷上杉氏
―
太田道灌・曽我兵庫

しかし、鎌倉公方・足利氏は関東管領・上杉氏と争い（永享《えいきょう》の乱）を起こし、また幕府にも反発したため（享徳《きょうとく》の乱）、関東から追われることになりました。

その追われた先が古河《こが》（茨城県古河市）であったために、鎌倉公方ではなく「古河公方」と名乗るようになりました。

その後、関東は関東管領が治めることとなるのですが、古河公方もまだ健在であり、関東では「関東管領」と「古河公方」の対立を中心とした合戦が度々繰り広げられていました。

■古参の道灌と新参の兵庫

さて、道灌を出した太田氏は元々、扇谷上杉氏の家宰の家柄であり、道灌の父の道真の頃から特に重用され、道灌もまた父同様、もしくはそれ以上に重用され側近として力を発揮していました。

山内上杉氏の家宰である長尾景春が起こした反乱（長尾景春の乱）においては、すぐさまに乱を鎮圧し、その名を轟かせました。

古参の重臣だった太田氏に対して、兵庫は新参の家臣だったと言われています。

一説によると、道真に目を懸けられて家中で引き立てられ、頭角を現していったそうです。その結果、主君の定正の養嗣子（後継者）である上杉朝良の家宰を務めるまでになっていました。

朝良は武将としては頼りない文弱な少年であったといいますので、家宰を務める兵庫には強い責任感が芽生えていたかもしれません。

■道灌、大活躍！　しかし、その裏で……

2人が仕える扇谷上杉氏は、戦乱真っ只中の関東において、勢力を減退させるどころか拡張させることに成功しました。これはひとえに道灌の活躍によるものでした。

しかし、この道灌の活躍が、兵庫と道灌の運命を決定付けることになってしまったのです。戦勝に次ぐ戦勝の結果、道灌の名声は関東中に響き渡り、道灌の主君である扇谷上杉氏だけでなく、主君の主君にあたる山内上杉氏をも凌《しの》ぐほどになっていました。

先年、長尾景春（山内上杉氏の家宰）が大きな反乱を起こしたばかりであったことに加え、道灌が出仕（主君への面会など）を行わずに江戸城と河越城の改修を重ねていることから、両家の上杉氏にある疑心が生まれてしまいます。

「道灌は謀反を起こすのでは……？」

そして、兵庫をはじめとした扇谷上杉氏の家臣たちは「道灌が家政を独占している」と道灌に大きな反発心を持っていました。

また、道灌自身も同輩に宛てた書状で、主君の山内上杉氏や扇谷上杉氏に対して「御家中が整っていない」「徳が備わった人がいない」「無人な扱いをされるのは不運至極」など不満を述べています。

そのため、「道灌謀反」の噂は両上杉氏の家中では、いつの間にか確かなものへと変わっていってしまったのです。

■風呂のそばで待つ怪しい影

そして、時は文明18年（1486年）7月26日を迎えます——。

道灌は主君の上杉定正に招かれ、相模の糟屋館《かすややかた》（神奈川県伊勢原市）に向かいました。兵庫は、主君と共に館で道灌の到着を待っていました。

道灌は館に到着して定正への面会が終えると、風呂に入ることを勧められました。

「今宵の宴に向けて、戦場の垢《あか》を洗い流してはいかがか」

そのようなことを言われたのかもしれません。道灌は館の一角にある風呂場に向かい、風呂に入り始めました。

当時の風呂は、現在でいう蒸し風呂のような形態をしていたと言われています。

兵庫はその時、主君の命によって、白刃を携えて風呂の小口（にじり口）の側近く息を潜めていました。

間もなくすると、道灌が風呂から出てくる雰囲気が感じ取れました。

兵庫「一刀で仕留める……！」

そして、道灌が小口から出てきた瞬間――。兵庫が振り下ろした一太刀は、道灌を捉えました。

道灌「当方《とうほう》滅亡！」

道灌は最期にそう叫んで絶命したといいます。

「当方滅亡」、つまり「私を失った当方（扇谷上杉氏）は近いうちに滅亡するであろう」ということを予言して亡くなったのです。

■道灌の遺言通り衰退する上杉氏

その後、道灌を謀殺した兵庫は道灌に替わって河越城に入り、江戸城には兵庫の父の豊後《ぶんごの》守《かみ》が入ったといいます。そして、道灌の子の資康《すけやす》は定正に追われ、太田家は一時没落することになりました。

この道灌謀殺は兵庫などを中心とした新参の家臣たちの讒言《ざんげん》(他人をおとしいれるために、ありもしない事柄を目上の人に言うこと）によるものが大きかったといいます。

その結果、兵庫をはじめとした曽我氏は城を持つことになったという点では、謀殺ではあるものの家政主導権の勢力争いは、曽我氏らの新参勢力が勝利したといえます。

しかし、この後、道灌の予言通りに事が進んでいきました。

扇谷上杉氏は主君筋の山内上杉氏との対立を深め、合戦を繰り広げて互いに疲弊していきました。

そこに小田原城を本拠とする北条家が侵攻を始め、扇谷上杉氏の当主の朝定《ともさだ》は「河越の戦い」（1546年）で北条軍の奇襲に遭って討ち死にを遂げ、扇谷上杉氏は滅亡しました。

そして、山内上杉氏も「河越の戦い」で勢力を急速に失い、北条家によって関東を追われ、越後へと落ちていきました。

こうして道灌の予言通り、関東管領・上杉氏は滅亡していったのです。

ただその後、越後に追われた山内上杉氏（当時の当主は山内憲政）は、ある人物を養子として山内上杉氏の家督を譲っています。その譲られた人物が長尾景虎《かげとら》、後の上杉謙信でした。

これによって「上杉」の家名は残され、幕末まで続いています。

■道灌の2つの墓

兵庫が道灌を謀殺したと言われる糟屋館は、現在の産業能率大学の一帯だと言われています。目立った遺構はありませんが、館跡からほど近い「洞昌院《とうしょういん》」は道灌を荼毘《だび》に伏した寺院だと言われ、道灌の霊廟《れいびょう》と墓が建立され、次のような言い伝えが残されています。

一説によると、兵庫に斬り付けられた道灌が命からがらこの寺院の門前まで辿り着いたのですが、門が閉まっていたため中に入れず道灌は息絶えてしまいました。そのため、洞昌院ではそれ以降、山門に扉は付けないようになったといいます。

その洞昌院に館跡から向かう途中には「七人塚」と呼ばれる墓石があります。これは道灌が襲われた際に共に戦った道灌の家臣たちの墓と伝わっています。明治時代にこの辺り一帯を開墾した時に移されたようで、現在は1基だけ残されています。

道灌の墓は伊勢原市内にもう1つあります。

それは「大慈寺《だいじじ》」という道灌が再興した寺院で、道灌自身の菩提寺になっています。そこにある墓は「道灌の首塚」と呼ばれ、謀殺された道灌の首が埋められたと伝わっています。

大慈寺の近くには「丸山城」という室町時代から戦国時代にかけて築かれた城郭がありますが、最近ではこの丸山城が、道灌が謀殺された「糟屋館」ではないかと言われています。

道灌を討ち取った兵庫の、河越城に入った以降の消息は、ほとんど分かっていません。

しかし、道灌謀殺後も扇谷上杉氏の重臣に曽我氏の名が見られることから、重臣として仕え続けたようですが、主君の没落と共に、歴史から姿を消していったようです。

七人塚

道灌が暗殺された時に、上杉方の攻撃を引き受けて討ち死にした道灌の家臣7名の墓と言われる。明治時代末期に7基から1基となってしまったが、その後も「七人塚」として伝えられている。
［神奈川県伊勢原市　上粕屋］

糟屋館跡（上杉館跡）

扇谷上杉氏の居館跡。別名「上杉館跡」。現在は産業能率大学が建てられている。以前は当地が上杉氏の館跡とされていたが、最近では丸山城跡（伊勢原市下粕屋）がそれではないかという説も出ている。
［神奈川県伊勢原市　上粕屋］

太田道灌の首塚

「大慈寺」にある道灌のもう一つの墓地。洞昌院の「胴塚」に対して「首塚」と呼ばれている。大慈寺は道灌の菩提寺である。道灌が謀殺された糟屋館は、当地から約400m北にある「丸山城址公園」であるとも言われている。
［神奈川県伊勢原市　下糟屋］

太田道灌の胴塚

道灌の墓は、洞昌院《とうしょういん》の境内に建立されている。道灌は死後に洞昌院で荼毘《だび》に付されたとされる。首は「大慈寺」に葬られ、当院には胴が葬られたと言われることから「胴塚」と呼ばれている。寺内には道灌を祀った霊廟も建てられている。
［神奈川県伊勢原市　上粕屋］

写真提供／長谷川ヨシテル

日本史の実行犯 十五

公暁《くぎょう》

鎌倉幕府3代将軍・源《みなもとのさねとも》実朝を暗殺した僧侶

どんな人物?

○鎌倉幕府初代将軍の源頼朝《よりとも》の孫で、2代将軍の源頼家《よりいえ》の子

○父が北条家に暗殺され、出家して鶴岡八幡宮《つるおかはちまんぐう》の別当となる

○3代将軍となった源実朝を父の仇と信じて襲撃を企てた

ターゲット
源実朝《みなもとのさねとも》

鎌倉幕府3代将軍。源頼朝と北条政子《まさこ》の子。歌人としても知られ、小倉百人一首に選ばれている。政治の実権は、執権の北条家が握った。建保7年（1219年）に、2代将軍の源頼家（実朝の実兄）の遺児である公暁に親の仇とされて、鎌倉の鶴岡八幡宮で暗殺された。

その他の重要人物

源頼家
父は源頼朝、母は北条政子。鎌倉幕府2代将軍。政権を掌握する北条氏を討伐しようと謀るが失敗。伊豆修善寺《いずしゅぜんじ》に幽閉された後に北条氏によって暗殺された。

北条政子
源頼朝の正室。2代将軍の頼家、3代将軍の実朝の母。将軍に就いた息子たちの後見となる。実朝暗殺後は京都から公家の九条頼経を将軍に迎えて幕政に参画し「尼将軍」と呼ばれた。

北条義時《よしとき》
北条政子の弟。頼朝の死後に、有力御家人を暗殺などによって滅亡に追い込み、姉の政子と共に政権を掌握。承久3年（1221年）に挙兵した後鳥羽上皇《ごとばじょうこう》との「承久の乱」に勝利し、北条氏の執権政治を確立した。

三浦義村《よしむら》
鎌倉幕府の有力御家人。北条氏に次ぐ地位を占めた。実朝暗殺時、公暁の乳母夫《めのと》だったことから公暁に保護を求められたが、北条氏の指示の下、逆に討手を出して殺害した。

源頼朝《みなもとのよりとも》の子・実朝《さねとも》を討ったのは将軍の血を継いだ一人の僧侶だった

源頼朝の子であり、鎌倉幕府の3代将軍となった源実朝。歌人としても知られ「小倉百人一首」にも名を列《つら》ねる実朝は、ある者の襲撃を受けて、27年の生涯を終えることになりました。

その討手こそ、実朝の甥で猶子《ゆうし》（相続を伴わない養子）となっていた「公暁《くぎょう》」という僧侶だったのです。

公暁は正治2年（1200年）に、2代将軍の源頼家《よりいえ》の子として生まれました。頼家の親は初代将軍の源頼朝と北条政子ですので、公暁は2人の孫にあたります。

幼名を「善哉《ぜんざい》」といった公暁は、幕府の有力御家人の三浦義村《みうらよしむら》を乳母夫《めのと》（養育係）として、将軍である父・頼家の後継者として養育されていくはずでした。

しかし、建仁3年（1203年）、幕府内の権力を握ろうとしていた北条時政《ほうじょうときまさ》（政子の父）の謀略によって、将軍・頼家の乳母夫を務めた比企能員《ひきよしかず》の一族が粛清されてしまいます。比企一族という後ろ盾を失った頼家は将軍職を追放され、伊豆の修善寺《しゅぜんじ》に幽閉されてしまいます。そして、翌・元久元年（1204年）に北条家の手の者によって入浴中を襲撃され、暗殺されてしまいました。この一連の事件を「比企能員の変」といいます。頼家23歳、公暁5歳の時の出来事でした。

そして、頼家に替わって将軍になったのが、公暁の叔父にあたる12歳の源実朝だったのです。この血なまぐさい政変が、幼い公暁の心に影を落とすことになりました。

■1000日もの間、寺に籠《こも》り祈った

その翌年の元久2年（1205年）、北条政子によって公暁は出家させられ、鶴岡八幡宮の別当（長官）に弟子入りし、一族の菩提《ぼだい》を弔う使命を背負うことになりました。家督争いに関する新たな火種を生まないための措置であったと考えられます。

さらに、その翌年の建永元年（1206年）に、政子の計らいによって、公暁は実朝の猶子となりました。

これは実家の北条家の謀略によって亡くなった頼家に対する負い目から、その遺児を支えようという考えが政子にあったのかもしれません。

その後、公暁は建暦元年（1211年）に、落飾《らくしょく》（剃髪《ていはつ》して仏門に入ること）して、園城《おんじょう》

寺《じ》（三井寺）で伝法灌頂《でんぽうかんじょう》（真言宗の秘法を受け継ぐ儀式）を受けて、阿闍梨《あじゃり》（伝法灌頂を受けた僧侶）となります。

公暁は一般的に「くぎょう」と言われていますが、園城寺の師である公胤は「こういん」と読むことから、正しい読みは「こうぎょう」または「こうきょう」ではないかと最近では言われています。

その後、しばらく園城寺で活動した公暁は、建保5年（1217年）6月に鎌倉へ下向し、政子の命により、鶴岡八幡宮の別当に就任することになりました。

10月11日に別当として初めて神拝《しんぱい》した公暁ですが、この日から不審な行動を取ります。後に鎌倉幕府が編纂《へんさん》した公文書である『吾妻鏡《あずまかがみ》』には、こう記されています。

「宿願に依《よ》りて、今日以後一千日、宮寺に参籠《さんろう》せしめ給ふ可《べ》しと云々《うんぬん》」

つまり、公暁は別当としての職務を放棄して、ある「宿願」を果たすために1000日もの間、寺に籠って祈り始めたというのです。

公暁はこの時、剃髪をしなかったそうで、人々はこれを怪しんだといいます。剃髪をしなかったのは「宿願」を果たした後に、還俗《げんぞく》をする目論見《もくろみ》だったのでしょう。

■鶴岡八幡宮の大石段で「宿願」の時を待つ

そして、公暁は「宿願」を果たすべき時を迎えます。建保7年（1219年）1月27日――。日中の晴天が一転して夜には雪が降り、2尺（約60㎝）の積雪があったそうです。

3代将軍の実朝は、この前年に官位の昇進が重なり、12月2日に右大臣へと昇格をしていました。

この1月27日は、その右大臣の拝賀の日であり、多数の公卿や御家人、随兵を従えた大行列は酉《とり》の刻（午後6時頃）に鶴岡八幡宮へと向かいました。路次に控えた随兵は1000騎を数えたといいます。

門弟の三浦駒若丸《こまわかまる》（三浦義村の子）から情報を得ていた公暁は、宿願を果たすため、法師の恰好で頭に頭巾を被って境内に身を隠し、その時を待っていました。

この時、公暁は大石段の脇にそびえていた大銀杏《おおいちょう》に身を隠していたという伝説が残されていますが、鎌倉時代に成立した『吾妻鏡』や『愚管抄《ぐかんしょう》』などの史料には記されていません。どうやら江戸時代以降につくられた逸話のようです。

社殿で右大臣拝賀の儀式を終え大石段を下ると、実朝は立ち並ぶ公卿の前を歩き始めました。公暁は実朝の姿を目にすると、太刀を抜きました。

■着物の裾に飛び乗り……

実朝はこの時、束帯《そくたい》（公家の正装）の下に着用する下襲《したがさね》の裾を後ろに長く引きながら歩いていました。拝賀の列に飛び出した公暁は、下襲の裾に飛び乗って実朝の動きを封じました。そして、長年の恨みを晴らすかのように、太刀で実朝の頭に斬り付けました。

公暁「親の敵《かたき》は、かく討つぞ！」

公暁はそう叫びながら、刀を振り下ろしたといいます。

その一刀で実朝は重傷を負い、その場に倒れると、公暁はすぐさま実朝の首を挙げました。

実朝の首を手にした公暁は、大石段を駆け上り、その上で、

公暁「別当、阿闍梨《あじゃり》公暁！　父の敵を討ち取ったり！」

と名乗りを上げたと『吾妻鏡』には記されています。実朝の享年は28でした。

実朝に従っていた者たちは「皆、蜘《く》蛛《も》の子を散《ちら》すごとくに、公卿も何《いず》れも逃げにけり」と『愚管抄』にあるように、すぐさま逃げ出してしまったそうです。

■食事中も首を放さなかった

その後、公暁は実朝の首を持って、雪下北谷《ゆきのしたきたがのやつ》にある備中阿闍梨《びっちゅうあじゃり》（公暁の後見人の僧侶）の屋敷を訪れ、食事をしました。

この食事の際、公暁は実朝の首をずっと手放さなかったといいます。一種の興奮状態にあ

った と考えられ、「宿願」への強い執念を感じる一方、生い立ちから生まれた狂気が垣間見られます。

食事を終えた公暁は、『吾妻鑑』によると、自身の乳母夫である三浦義村に使者を送り、こう伝えたといいます。

「今、将軍の闕（欠）有り。吾れ専《もっぱ》ら東関の長に当たる也。早く計儀を廻《めぐ》らすべし」

つまり「将軍に欠員ができたので、我こそ関東の長に当たるのだから、早く計略を巡らせてくれ」と命令したのです。

義村は公暁の乳母夫であり、その子の駒若丸は公暁の門弟であったことから、義村は第一の家臣として、自身に味方をしてくれると期待したようです。

■味方のはずが一転、刺客に

公暁の使者から報せを受けた義村は「迎えの兵を出すので、自分の家に来てほしい」と迎えの兵を送った後、北条義時に使者を送って事情を告げました。

ところが、義時からは「阿闍梨（公暁）を誅《ちゅう》し奉るべし」と命じられました。軍議を開いた義村は、迎えの兵を戻し一転して公暁へ刺客を送ることを決定します。軍議では、

「（公暁は）はなはだ武勇に足り、直《ただ》なる人には非ず」

と公暁の武勇を普通の人ではないと警戒し、義村は家中で「勇敢の器」と称される長尾定景《ながおさだかげ》を刺客に選び、5人の郎党をつけて、甲冑を身に着けさせ、備中阿闍梨の屋敷へと向かわせました。

その頃、公暁は義村からの迎えが遅いので、備中阿闍梨の屋敷を出て、義村の屋敷へと向かっていました。鶴岡八幡宮の背後の大臣山《だいじんやま》を登っていると、6人の武士が向かってくるのが目に入りました。

公暁は義村が派遣した味方となる兵だと思ったでしょう。しかし、それは公暁を殺《あや》めるために遣わされた刺客だったのです。

簡易な腹巻（鎧《よろい》の一種）を身にまとった公暁は、一人で刺客たちに立ち向かったものの、

衆寡敵せず、刺客の一人の雑賀次郎《さいかのじろう》に組み敷かれ、長尾定景によって首を落とされてしまいました。

こうして公暁は「宿願」を遂げたわずか数時間後に、その生涯を終えました。享年は20でした。

公暁が挙げた実朝の首は、どういうわけか、行方が分からなくなりました。そのため、首の代わりに髪を胴と共に入棺し、勝長寿院《しょうちょうじいん》（鎌倉市）に葬られました。また一説によると、実朝の首は、公暁への刺客の一人だった武常晴《たけつねはる》が持ち去ったといいます。詳しい理由は不明ながら、波多野家を頼って埋葬され、実朝を供養するため、首塚の近くに金剛寺《こんごうじ》（神奈川県秦野市）が創建されたといいます。

一方で、刺客に取られた公暁の首は、義村によって北条義時の許へ運ばれ首実検《くびじっけん》が行われたといいます。しかし、その後の公暁の首の行方は知れず、公暁に関する墓や供養塔は、未だに見つかっていません。

現代に残る実行犯ゆかりの史跡

鶴岡八幡宮の大銀杏

石段の脇に立っていた樹齢1000年以上の銀杏の跡。公暁が身を隠した伝説があることから「隠れ銀杏」とも呼ばれていた。平成22年(2010年)に強風で倒伏。樹幹部分はその隣に移植され、再生を目指している。
[神奈川県鎌倉市　雪ノ下]

鶴岡八幡宮

康平6年(1063年)に東北平定を終えた源頼義(頼朝の5代前)が源氏の氏神として由比ヶ浜に建立。その後、平家打倒を志した源頼朝が現在の地に遷宮。国家鎮護の神、武士の守護神として全国から信仰を集めた。
[神奈川県鎌倉市　雪ノ下]

園城寺《おんじょうじ》

公暁が修行を積んだ天台宗の寺門派の総本山。大友与多王《おおとものよたおう》(大友皇子の皇子)により朱鳥《しゅちょう》元年(686年)に創建されたと伝わる。天智天皇、天武天皇、持統天皇の産湯を汲んだ井戸があったことに由来する「三井寺《みいでら》」の別称で知られる。
[滋賀県大津市　園城寺町]

源実朝公御首塚

暗殺後に行方不明となった実朝の首を、三浦義村の家臣の武常晴《たけつねはる》が探し出して葬った場所とされる。近くには実朝の供養を行ったことに始まるとされる「金剛寺」がある。寺名は実朝の法号にちなんだものである。
[神奈川秦野市　東田原]

写真提供／アフロ(右下)、長谷川ヨシテル(右上、左上)

日本史の実行犯 十六

安積行秀《あずみゆきひで》

「嘉吉の乱」嘉吉元年（1441年）

室町幕府6代将軍・足利義教《あしかがよしのり》を斬り伏せた男

どんな人物？

- ○播磨《はりま》（兵庫県）の守護の赤松家に仕えた勇猛な家臣
- ○恐怖政治を敷く将軍・足利義教の暗殺の刺客に指名される
- ○襲撃後に幕府の追討軍に攻められ、壮絶な最期を遂げる

ターゲット
足利義教《あしかがよしのり》

室町幕府6代将軍。足利義満（3代将軍）の五男。籤《くじ》によって将軍に選ばれたことから「籤引き将軍」と称される。恐怖政治を敷いた結果、嘉吉元年（1441年）に播磨などの守護を務める赤松家の屋敷に招かれ、猿楽《さるがく》の鑑賞中に襲撃されて、安積行秀に首を取られた。

その他の重要人物

赤松満祐《みつすけ》

室町幕府の有力大名。播磨、備前、美作の守護。6代将軍の足利義教による赤松氏討伐の噂を受けて、義教の暗殺を指示（嘉吉の乱）。その後、幕府の追討軍に攻められて自害した。

赤松教康《のりやす》

赤松満祐の嫡男。謹慎していた父に代わって、義教を自邸に招いて暗殺。その後、幕府の追討軍に追われて播磨から逃亡。縁戚の伊勢（三重県）の北畠教具《きたばたけのりとも》の許に逃れるが、当地で自害した。

山名持豊《もちとよ》

室町幕府の有力大名。法名は「宗全《そうぜん》」。義教暗殺時に赤松邸に同席。幕府の討伐軍として「嘉吉《かきつ》の乱」を鎮圧した功績で、8ヶ国の守護となって権勢を振るった。後に「応仁の乱」の西軍の総大将を務める。

一色義貫《いっしきよしつら》

室町幕府の有力大名。4ヶ国の守護を務め、反乱討伐の総大将に任じられるなど、幕政に参画。しかし、一色家の台頭を嫌った足利義教によって謀殺された。

「万人恐怖」政治で恐れられた「悪将軍」を斬った剣の名手

室町幕府6代将軍、足利義教《あしかがよしのり》——。

籤によって将軍となり「籤引き将軍」と呼ばれた義教は、将軍親政のための「万人恐怖」の政治を敷き、「悪御所」や「悪将軍」と恐れられていました。

その義教を斬り伏せた人物こそ安積行秀《あずみゆきひで》という剣の名手だったのです。


通称を「監物《けんもつ》」といった行秀は、揖保川《いぼがわ》の上流にある播磨国の宍粟《しそう》郡安積（兵庫県宍粟市）の出身と言われています。

安積氏はその地域に勢力を張った国人《こくじん》であり、行秀は播磨国の守護を務める赤松家に仕えていました。詳しい生年や経歴などは不明ですが、家中きっての剛の者として知られていたといいます。


行秀の主家の赤松家は「四職《しき》」の一家として、足利将軍家に仕える名門でした。

四職というのは、幕府の軍事権などを司る侍所《さむらいどころ》の長官に命じられた四家であり、赤松家の他には、一色家、京極《きょうごく》家、山名家がありました。

その他、四職以外にも「三管領《さんかんれい》」という将軍を補佐する幕府の重職があり、こちらは斯波《しば》家、細川家、畠山家が就いていていました。

この「四職」と「三管領」が力を伸ばし、室町幕府の政治方針を決めていました。

そのような有力大名中心の政治から、かつての将軍中心の政治へ戻そうとしたのが、6代将軍の足利義教でした。

■歯向かう者に容赦しない

義教は苛烈《かれつ》な性格の持ち主でした。「料理が不味《まず》い」と言って料理人を処刑したり、儀式中に微笑んだ公家の所領を没収したり、闘鶏《とうけい》のために自身の行列が一時止まってしまった時は闘鶏を中止させ京都中の鶏を追放したりするなど、怒ると見境がなくなってしまう一面がありました。

また、義教は守護たちの家督争いに介入し、自分の息がかかった者をそれぞれの家の当主に据えて、将軍中心の政治を推し進めようとしました。

その結果、三管領《さんかんれい》の斯波家と畠山家は義教の意向で後継者が決められ、四職に関しては一色家、京極家、山名家（赤松家以外の三家）が義教によって強引に家督相続が決められてしまいました。

特に一色義貫《よしつら》は、出兵中に義教の命によって暗殺されたと言われています。

自分に歯向かう者がいれば容赦なく追放や討伐、斬首、暗殺を行う義教の政治や性格について、当時の伏見宮貞成親王《ふしみのみやさだふさしんのう》の『看聞日記《かんもんにっき》』には「万人恐怖」と書き残されています。

■「赤松家が狙われている」という噂

永享12年（1440年）に一色義貫の暗殺事件が起きると、京都には次のような噂が流れました。

「次は赤松、討たるべし」

また『看聞日記』などにも、この時の将軍家と赤松家との緊迫した状況が記されています。

「恐怖千万、世上も物言あり。赤松の身上と云々《しかじか》。播州（播磨国）、作州（美作国《みまさかのくに》：岡山県）借り召さるべきの由、仰せらるると云々」
「謳歌していはく、世上物忩《ぶっそう》。赤松入道（満祐）の身上と云々、如何《いかが》」

つまり「義教の次の狙いは赤松家である」という流言《りゅうげん》が飛び交ったのです。

この時の行秀に関する史料は残されていませんが、この噂はもちろん知っていたでしょうし、主君の赤松家の所領が没収され、討伐を受けるということは、自身に直結してくる死活問題として捉えていたことは間違いないでしょう。

当主の赤松満祐は、背丈が低く「三尺（約90㎝）入道」と世人に嘲笑されていた僻《ひが》みのためか、その気性は激しく常に傲岸不遜《ごうがんふそん》でした。しかし、この時ばかりは、さすがに追い込まれていたようです。

そこで満祐は「狂乱した」ということにして隠居し、老臣の富田性有《しょうゆう》入道の屋敷に療養と称して謹慎しました。

これは赤松家の重臣たちによって決定された、義教の怒りを鎮めるための緊急措置だったと言われています。もしかすると、満祐の隠居を決定した赤松家の重臣たちの合議の間に、重臣の一人である行秀もいたかもしれません。

こうして一時的に義教の目をごまかせた赤松家ですが、決断の時は迫っていました。

■赤松家、義教を屋敷に招く

そして時は、嘉吉元年（1441年）6月24日を迎えます——。

この年に起きた「結城《ゆうき》合戦」に勝利を収めた上機嫌の義教を戦勝祝いと称して呼び出しました。この時「たくさん生まれた鴨《かも》の子の泳ぐ姿が面白いので」と言って招いたとも言われています。

この日は21日から降り続く雨に、風が加わり、この時期だというのに(新暦だと7月12日)肌寒い天気だったそうです。

赤松家の屋敷は「西洞院《にしのとういん》以西、冷泉《れいぜい》以南、二条以北」にあったといいます。現在の京都市中京区槌屋町《つちやちょう》の一帯であり、二条城の東の堀川通を挟んだ場所にあたります。

行秀は赤松邸で将軍の到着を待っていました。この時既に、将軍を弑逆《しいぎゃく》(目下の者が目上の者を殺すこと)する計画はきちんと練り上げられていたことでしょう。

義教が赤松邸に到着したのは申《さる》の刻(午後4時頃)だったといいます。

義教のお供には御相伴衆《おしょうばんしゅう》と呼ばれる諸大名で管領の細川持之《もちゆき》や侍所の山名持豊《もちとよ》(後の宗全《そうぜん》)ら数名であり、さらに公家の正親町三条実雅《おおぎまちさんじょうさねまさ》らがいました。いつもよりは少ないお供だったそうです。

義教をもてなす赤松家の主人は、赤松教康《のりやす》でした。父の満祐は表面的には「狂乱」となっており、老臣の富田の屋敷に謹慎していたためです。

屋敷に入った義教は、御座の間の正面に座し、その隣には実雅が座りました。そして、次の上壇の間には近習衆が座り、下の間に諸大名が列座し、祝宴が始まりました。

この時、行秀は宴の席にはいません。行秀がいたのは、御座の間の背後の襖《ふすま》の裏。それも宴の場には似つかわしくない甲冑で身を固めていました。

間もなくすると、酒宴が始まりました。

行秀「いよいよじゃ……」

大きな盃になみなみと注がれた酒が1回、2回、3回と諸大名の間を廻ります。

その間、庭に設《しつら》えられた能舞台では赤松家がひいきにしている観世の能楽師によって猿楽が演じられています。

■突然、鳴り響く轟音

酉の刻（午後6時頃）を迎え、京に夕やみが迫っていました。酒盃は5杯目が廻され、猿楽は3番目の『鵜飼《うかい》』が演じられています。

すると突然、屋敷の中で「ドドドドッ」と太鼓を鳴らすような轟音《ごうおん》が響き渡りました。

義教「何事ぞ！」

宴のじゃまをする物音に腹を立てた義教が周囲の者に尋ねました。

実雅「雷鳴にございましょう」

隣席の実雅が答えました。3日前から雨が降っており、翌日には雷雨となったような天気だったため、実雅が雷鳴だと思ったのも仕方がないことでした。

しかし、これは赤松家中の将軍暗殺の合図だったのです。

行秀「よし！　門は閉まったか……!?」

行秀が小声で周囲の者たちに確認をとりました。

実雅が雷鳴と勘違いしたのは、実は馬が一斉に放たれた音でした。

そして、馬が赤松邸を出ると、

「それ！　門を閉めよ！」

と表門の閂《かんぬき》は下ろされ、義教の逃走手段の馬を奪い、逃走経路の表門は閉ざされました。

■最期の言葉を発する間もなく

閉門を確認した行秀は、目の前の襖《ふすま》を勢いよく引き開けました。

周囲の襖も一斉に開かれ、行秀をはじめとした甲冑を身にまとった武士が広間に躍り込みました。

上壇の間の背後の襖から突入した行秀の眼前には、主君を貶めんとする将軍がいました。

行秀の脇の2人の武士が義教の両肩に取りついて畳に押し付け、動きを封じました。

そして——

行秀「悪御所め！　覚悟せい！」

行秀は躊躇《ちゅうちょ》なく刀を振り下ろしました。こうして義教は、辞世の句どころか、最期の言葉を発する間もなく、行秀によって背後から首を取られたのです。

宴から一変して赤松邸は修羅場と化しました。諸大名は座敷を這《は》って逃げ、庭から塀を越えて逃走するざまでした。

そういった中でも刀を抜いて、行秀などに飛びかかってきた者がいましたが、赤松家の老臣が、

「既に将軍の首を挙げた上は、赤松家としてこれ以上の争いは望まぬ！　鎮まれたし！」

と大声で叫びまわったので、ようやく事態は収まりをみせ、残った者も赤松邸を後にしました。

■京を震撼させた暗殺事件

この将軍暗殺事件は、その日のうちに京に知れ渡りました。

「将軍かくの如き犬死に、古来その例を聞かざる事なり」

「前代未聞の珍事なり」

「言語道断の次第なり」

「希代、不思議の勝事、先代未聞の事なり」

当時の『看聞日記』などにも、事件の衝撃の大きさが書き残されています。義教の評判が悪かったことから、「自業自得」とも記されています。

諸大名が屋敷を出た後、老臣の富田の屋敷から「狂乱」と称して隠居していた満祐が戻り、軍備を整える指図を出しました。義教の仇を取るために、兵を挙げる大名がいる可能性が大いにあったからです。

ところが、諸大名が出兵する気配は全くありません。これは、今回の事件が赤松家の単独の犯行なのか、それとも同調する大名がいるのか、判断できなかったためだと言われています。

物見を出して、反撃がないことを確認した満祐は、義教の首と共に領国の播磨への引き揚げ命じました。その際に赤松邸を焼き払い、隊列を組み、堂々と京都を後にしたといいます。

その行列には義教の首が槍先に高々と掲げられました。その首を掲げたのが、義教の首を取った行秀だったと言われています。

■幕府軍による追討

その後、幕府に対する反逆者である赤松家には治罰《じばつ》の綸旨《りんじ》が下り、細川持常《もちつね》や赤松貞村《さだむら》、山名持豊らの幕府軍の追討を受けることになりました。

赤松満祐の軍勢は播磨に集中していたため、美作をすぐに奪われ、合戦においても敗戦を重ねたため、諸方面の兵を退《ひ》き、本拠地としていた坂本城（兵庫県姫路市）に籠城しました。

しかし、坂本城は平城であり、幕府の大軍と戦う要害ではないため、城を捨て城山城《きのやまじょう》（兵庫県たつの市）という山城に移りました。行秀もこれに従ったようです。

嘉吉元年（1441年）9月9日の早暁、城山城を包囲していた幕府方の山名軍の攻撃が始まりました。

標高458mの亀山《きのやま》に建つこの城は、急峻な要害の地にあるため、山名軍の猛攻を何とか退けました。

しかし、誰の目にも、落城は目の前に迫っていました。

そこで満祐は義雅《よしまさ》（弟）と則尚《のりなお》（甥）を城から逃しましたが、それを知った城兵たちの士気が落ち、脱走する者も多く出ました。

そして、翌10日を迎えました。

山名軍の攻撃は卯《う》の刻（午前6時頃）から畳み掛けるように行われ、辰《たつ》の刻（午前9時頃）になると、終《つい》に残るは本丸のみとなってしまいました。

ここに来て満祐は、教康（子）と則繁《のりしげ》（弟）に再起を図らせるために脱出せよと厳命しました。

はじめは容易に聞き入れなかった2人も、満祐の遺命に最終的に従うことにしました。運良く西南の方角が手薄であったため、何とか落ち延びることが出来ました。

彼らが城を出たことを確認して、満祐は自害の支度に入りました。介錯を任されたのは、足利義教の首を取った赤松家一の剛の者、安積監物行秀でした。

満祐「頼むぞ、行秀よ」
行秀「御意！」

■赤松家の滅亡

行秀は割腹した満祐の首を斬り落としました。主君の最期を看取った行秀は、本丸に残った赤松一族69人の自害をしかと見届けた後、城に火を放って、火中に身を投じました。巳《み》の刻（午前10時頃）には城山城は落ち、名門赤松家は滅亡したのです。

主家の滅亡を見届けた行秀の振る舞いは、赤松家の最後を飾った「天晴れな武者振り」と讃えられたといいます。

落城から7日後、満祐と行秀らの首は焼け跡から見つけ出され、京都へと送られました。

そして、管領の細川家や義教の遺児たちの前で首実検が行われ、9月21日に四条河原に晒《さら》されました。

梟首の後、京都の市中を引き廻され、赤松邸の焼け跡に移されました。そこで2人の首は、焼け跡に植えられた栴檀《せんだん》の枝に掛けられることになりました。一の枝（根元から数えて最初の枝）には主君の赤松満祐、二の枝には行秀の首が掛けられたと言われています。

その後の行秀の首の行方は、定かではありません。

現代に残る実行犯ゆかりの史跡

四条河原

赤松満祐と行秀の首が晒された、鴨川に架かる四条大橋付近の河原。室町時代頃から猿楽などの興行が盛んになり、慶長3年（1603年）に出雲阿国《いずものおくに》が当地で披露した「かぶき踊り」が歌舞伎の発祥とされている。江戸時代には芝居小屋が立ち並んだ。
［京都府京都市　下京区］

赤松邸跡

室町幕府の有力大名の赤松氏の屋敷跡。明確な場所は不明ながら、『建内記《けんないき》』の「西洞院以西、冷泉以南、二条以北」という記述を参考にすると、現在の二条城の東の槌屋町を中心に広がっていたと考えられる。
［京都府京都市　上京区槌屋町《つちやまち》］

城山城《きのやまじょう》

赤松家の居城。かつては天智《てんじ》2年（663年）に「白村江《はくすきのえ》の戦い」で敗れた大和朝廷が唐《とう》と新羅《しらぎ》の侵攻に備えて築いた古代山城《こだいやまじろ》があった。「嘉吉の乱」の際に幕府の追討軍の攻撃を受けて落城。本丸城跡には赤松一族を弔う供養塔が伝えられている。
［兵庫県たつの市　新宮町馬立字亀の山］

足利義教の墓

義教の墓は「十念寺《じゅうねんじ》」に建立されている。当寺は永享3年（1431年）に足利義教の帰《き》依《え》を受けて建立された「宝樹院」に始まる。この墓以外に、崇禅寺《そうぜんじ》（大阪府大阪市）と安国寺《あんこくじ》（兵庫県加東市）には、義教の首塚が伝えられている。
［京都府京都市　上京区鶴山町《つるやまちょう》］

写真提供／長谷川ヨシテル（右上、右下、左上）

コラム

日本史の未遂犯

討ち取ることに成功した実行犯たちがいた一方、計画が未遂に終わった者たちもいた。彼らの生涯と襲撃の瞬間に迫る。

■杉谷善住坊《すぎたにぜんじゅぼう》
——信長を狙撃した謎多き甲賀忍者

・甲賀《こうか》（滋賀県）出身の甲賀忍者
・火縄銃が得意で六角《ろっかく》家に仕えた
・信長の銃暗殺を謀るが失敗し処刑される

出自や経歴などの詳しいことは不明。近江《おうみ》（滋賀県）の大名の六角家に仕えた甲賀の有力豪族の「甲賀五十三家」の一つの杉谷家の出身と言われる。信長によって滅亡に追い込まれた六角家の当主の六角承禎《じょうてい》に、信長の銃暗殺を命じられて実行に移した。

元亀元年（１５７０年）5月19日。京都から本拠地の岐阜に向かう信長を近江から伊勢（三重県）に抜ける千草峠《ちぐさとうげ》（千草越え）の岩陰で待ち受けて狙撃する。この時「12～13間（20数ｍ）」から「二つ玉（一度の狙撃で2発の銃弾を放つ）」を撃ったものの、わずかにかすり傷を負わせただけで暗殺は失敗した。

その後、琵琶湖《びわこ》の西岸の阿弥陀寺《あみだじ》（滋賀県高島市）に身を隠すが、信長の執拗《しつよう》な捜索のために発見され捕縛。厳しい拷問の末に「鋸《のこぎり》引きの刑」によって処刑された。

○現代に残る未遂犯ゆかりの史跡

・杉谷屋敷跡（滋賀県甲賀市江南町）……甲賀の豪族の杉谷家の屋敷跡。善住坊の住居跡とも。
・杉谷善住坊の隠れ岩（滋賀県東近江市甲津畑町《こうづはたちょう》）……善住坊が狙撃のために身を隠したと伝わる巨岩。

■遠藤直経《えんどうなおつね》
——信長本陣に潜入した浅井《あざい》家の猛将

・近江の坂田郡（滋賀県米原市《まいばらし》）出身
・近江の大名の浅井長政《ながまさ》の重臣
・「姉川《あねがわ》の戦い」で織田軍を装って暗殺を謀る

直経が信長の暗殺に迫ったのは、元亀元年（１５７０年）6月28日の「姉川の戦い」のことである。

義兄の織田信長と対立した浅井長政は、朝倉義景《あさくらよしかげ》の援軍を得て、姉川で織田軍と激突した。

序盤、浅井・朝倉軍は優勢。特に浅井軍は、織田軍を散々に苦しめた。しかし、信長の援軍として駆け参じた徳川家康の配下の榊原康政《さかきばらやすまさ》の横槍によって戦況は一変。浅井・朝倉軍の敗戦は濃厚となった。

この時、直経は事前に練っていた信長暗殺計画を実行に移した。それは浅井軍の武将の首を掲げて織田軍を装い、武功を報告したいと偽って信長の本陣に迫るというものだった。その作戦は功を奏し、織田軍の本陣に潜入。信長と刺し違えようとした時、以前に浅井家に仕えていたことがあった竹中久作《きゅうさく》（半兵衛の弟）に見破られてしまい討ち取られた。

○現代に残る未遂犯ゆかりの史跡

・姉川古戦場（滋賀県長浜市野村町）……「姉川の戦い」が行われた古戦場跡。

・遠藤塚（滋賀県長浜市野村町）……直経の墓と伝わり、周囲の小字は「円藤」という。

■城戸弥左衛門《きどやざえもん》
――信長を2度狙撃した伊賀忍者

・伊賀（三重県）屈指の忍者
・火術を得意とした火縄銃の名手
・信長の銃暗殺を2度謀るが共に失敗

江戸時代の『萬川集海《ばんせんしゅうかい》』に〝伊賀流の忍術名人〟の11人の1人に名を連ねる名忍者。火術を得意とし、伊賀平定に乗り出した信長の銃暗殺を2度謀ったとされる。

1度目は天正7年（1579年）の秋。上洛中の信長を膳所《ぜぜ》（滋賀県大津市）で狙撃するが、信長の近くにあった朱色の傘に当たり失敗。

2度目は天正9年（1581年）10月10日。伊賀に攻め込み屈服させた信長は実地検分のために伊賀を訪れ、総鎮守である敢国《あえくに》神社で休息していた。弥左衛門は大鉄砲（詳しい形状は不明）を使って信長を狙撃。周囲の者が7～8人倒れたものの、信長は無傷。2度目も失敗に終わる。

その後、味方の密告によって捕縛され、安土に送られる。激しい拷問を受けたが協力者の名は一切漏らさず、隙を見て脱獄。しかし、追っ手が迫ったため自害をしたという。

○現代に残る未遂犯ゆかりの史跡

・敢国神社（三重県伊賀市）……弥左衛門が暗殺を謀ったとされる伊賀国の一宮《いちのみや》。

■ 荒川伊豆守《あらかわいずのかみ》

——武田信玄に一騎打ちを挑んだ勇将

・「越後十七将」に数えられる上杉謙信《けんしん》の重臣
・「川中島の戦い」で上杉謙信の旗本を務める
・信玄に一騎討ちを挑み「川中島先陣の五将」と称された

「越後十七将」に名を連ねる上杉家の重臣。永禄4年（1561年）9月10日の「川中島の戦い」で謙信と信玄が一騎打ちをしたと一般には語られているが、『上杉家御年譜』などには伊豆守が信玄に斬りかかったと記されている。

　この戦は、信玄の奇襲を見破った謙信が、日の出と共に、逆に武田軍に奇襲を仕掛けた。謙信から旗本（謙信の精鋭部隊）を命じられた伊豆守は、撤退を図る信玄を追撃。三尺（約90㎝）の刀を三太刀、振り下ろす。

　信玄は抜刀する間もなく軍配団扇で受け止めた。信玄は肩を斬られたものの致命傷には至らず、伊豆守は再び刀を振りかざした。その時、信玄の窮地を救おうと駆け付けた原大隅守《はらおおすみのかみ》（信玄の側近）が突き出した槍の柄が、伊豆守の馬の尻を叩く。これに驚いた馬が駆け出してしまい、伊豆守は信玄を討ち漏らした。この後、激戦の中で伊豆守は討ち死にしたという。

○現代に残る未遂犯ゆかりの史跡

・八幡原《はちまんばら》史跡公園（長野県長野市）……川中島古戦場と伝わり、信玄謙信一騎打ちの像がある。
・原大隅守の槍（山梨県甲府市）……伊豆守の馬を突いた槍は「信玄公宝物館」に現存している。

■ 武市《たけち》熊吉《くまきち》

——明治政府の重鎮・岩倉具視《いわくらともみ》を襲撃した男

・土佐（高知県）出身の志士
・「戊辰戦争」で同郷の板垣退助の配下で活躍
・「征韓論」で岩倉具視を敵視して襲撃を謀る

土佐藩出身の志士で、同郷の板垣退助と共に活動。「戊辰戦争」では板垣の配下で主に斥候《スパイ》として活躍した。明治時代に入り、新政府は朝鮮国を開国させるために武力に訴えることにしたが、この時、現地を偵察するためのスパイとして満州に送り込まれる。しかし、帰国した頃に征韓論を唱える西郷隆盛や板垣退助（武市の上司）などの政治家は失脚。これを岩倉具視の陰謀と怒り、弟と共に土佐藩の同志を募って襲撃を計画。明治7年（1874年）1月14日に実行に移した。

　午後8時頃、赤坂の喰違見附《くいちがいみつけ》（江戸城の城門跡）で待ち受けて岩倉の馬車に襲い掛かった。しかし、馬車から脱出した岩倉は、傷を負って逃げる途中四谷濠《よつやぼり》に転がり落ちてそこに身を潜める。必死に探したものの、ついに岩倉を発見できず暗殺は失敗に終わった。

　その後、現場に残された下駄を基に捜索が行われ逮捕。斬首を命じられた。

○現代に残る未遂犯ゆかりの史跡

・食違見附跡（東京都千代田区紀尾井町）……この見附（城門）跡の西側で岩倉が襲撃された。
・真田堀跡（東京都千代田区紀尾井町）……岩倉が身を隠した堀跡で、現在は上智大学のグラウンドである。

■相原尚褧《あいはらなおぶみ》
——明治維新の元勲・板垣退助を襲撃した小学校教師

・尾張（愛知県）藩士の長男に生まれる
・明治時代に入り小学校の教員となる
・急速な改革を行う板垣退助を国賊として襲撃

　尾張の藩士の家に生まれ、明治時代に入って学校の教員となった。ところが、病による転勤を繰り返して結局は退職。協調性に欠けた短気な人物で、常に鬱屈とした心懐を抱えていた。病は精神的なものに起因していたのかもしれない。

　退職した直後、国会開設を推し進める急進派の板垣退助を己が権力を握ろうと画策している「国賊」として敵視。明治15年（１８８２年）4月6日に、岐阜で演説を終えた板垣を短刀で襲撃。しかし、武術の心得があった板垣に当て身を食らわされ、致命傷を負わせることができずに失敗。駆け付けた板垣の部下たちに捕縛される。

　その後、無期徒刑が命じられたものの「大日本帝国憲法」の発布に伴う大赦で出獄。板垣の邸宅を訪れて謝罪した。その後、故郷に戻り、再上京しようとして乗船。しかし、遠州灘《えんしゅうなだ》付近で船から姿を消して消息を絶った。

　自殺とされているが、未だに真相は不明である。

○現代に残る未遂犯ゆかりの史跡

・板垣総理　被害短刀（高知県高知市）……板垣襲撃時の短刀は「高知市立自由民権記念館」に現存している。
・自由党総理　板垣退助君遭難地（岐阜県岐阜市）……襲撃現場には「板垣退助像」が建てられている。

おわりに

最後まで読んでいただき、ありがとうございました！　日本史を動かした「名もなき実行犯」たちを楽しんでいただけましたでしょうか？

私は僭越《せんえつ》ながら、歴史を仕事にさせていただいておりますが、正直に申し上げますと、今回取り上げた18人の中で知らなかった人物もいました（大坂新介、柏木源藤、神代直人、佐伯子麻呂あたりがそうです）。歴史好きの読者の皆さんも、おそらくそうではないでしょうか。

歴史を仕事にしているのに「知らなかった」と言うことは実に恥ずかしいことなのですが、歴史の一番の醍醐味《だいごみ》はここにあるのではないかと思っております。勉強をしても、新たな発見だらけ！　だからこそ、歴史は面白いですね〜。

また、本書のイラストを西田真魚さんに担当していただきました。肖像画や写真がほとんど残されていない実行犯たちのイメージを、柔らかくもシリアスに、素晴らしく具現化していただき感謝しかありません！　読者の皆さんにも、イラストを楽しんでいただけたと確信しております。

そして、文章と共に、ゆかりの史跡を掲載させていただきました。歴史は机上で学ぶだけではなく、出来事が起きた現場に旅に出ることも楽しさの一つだと思います！

この本を書くにあたって、私も出来る限り現場に足を運びました。リサーチした史料の情報に、現地で体感した風景や距離感を重ねて執筆されていただきました。ちなみに、史跡の写真の多くは私自身が撮影したものです（笑）。遠藤又次郎・喜三郎兄弟の現場だけ行ったことがないので、近いうちに史跡めぐりに向かいたいと思います！

最後に、この本を通じて、一人でも良いので実行犯の誰かに興味を持っていただけたら幸いです。そして、その実行犯を通じて、既に歴史がお好きな方はさらに好きになっていただき、まだ歴史がお好きじゃない方はこれを機に好きになっていただければと思います！

本書の出版にあたってご尽力をいただいたイラストレーターの西田真魚さんや編集の方、スタッフの皆さん、そして、この本を手に取って読んでくださった読者の皆さま、さらに、実行犯やターゲットとなった人物をはじめ、日本史上に多くの逸話や業績を残してくださった先人の皆さまに改めて感謝申し上げます！　ありがとうございました！

主要参考文献

【第一章　戦国時代】

■西尾仁左衛門

長野栄俊『西尾宗次の生涯——真田信繁を討った「無名の武士」の実像』（若越郷土研究　61巻1号）（福井県郷土誌懇談会）、２０１６年

福井県立図書館『大坂の陣４００年記念　真田幸村を討った士・西尾仁左衛門　展示解説シート』、２０１５年

丸島和洋『真田四代と信繁』（平凡社）、２０１５年

平山優『真田信繁　幸村と呼ばれた男の真実』（ＫＡＤＯＫＡＷＡ／角川学芸出版）、２０１５年

■安田作兵衛

太田牛一『信長公記』（角川書店）、１９８４年

太田牛一著、中川太古　訳『現代語訳　信長公記』（中経出版）、２０１３年

津山市教育委員会　編『森家先代実録』（津山市教育委員会）、１９６８年

岡茂政、柳川郷土研究会『柳川史話』（青潮社）、１９８４年

若林力『近古史談　全注釈』（大修館書店）、２００１年

川口素生『織田信長１０１の謎　知られざる私生活から、「本能寺の変」の真実まで』（ＰＨＰ研究所）、２００５年

谷口克広『織田信長家臣人名辞典』（吉川弘文館）、２０１０年

■毛利新介

太田牛一『信長公記』（角川書店）、１９８４年

太田牛一著、中川太古　訳『現代語訳　信長公記』（中経出版）、２０１３年

谷口克広『織田信長家臣人名辞典』（吉川弘文館）、２０１０年

藤本正行『【信長の戦い①】桶狭間・信長の「奇襲神話」は嘘だった』（洋泉社）、２００８年

橋場日月『新説　桶狭間合戦——知られざる織田・今川 七〇年戦争の実相』（学習研究社）、２００８年

小和田哲男『戦史ドキュメント　桶狭間の戦い』（学習研究社）、２０００年

日本史史料研究会編『信長研究の最前線　ここまでわかった「革新者」の実像』（洋泉社）、２０１４年

■小牧源太

太田牛一『信長公記』（角川書店）、１９８４年

太田牛一著、中川太古訳『現代語訳　信長公記』（中経出版）、２０１３年

横山住雄『斎藤道三と義龍・龍興　戦国美濃の下克上』（戎光祥出版）、２０１５年

■鳥居三左衛門

新城市教育委員会『新城市誌資料10（菅沼家譜、安部家譜）』（新城市教育委員会）、１９７０年

皆川登一郎『野田戦記』（皆川博）、１９１６年

坪井九馬三、日下寛編『松平記』（青山堂雁金屋）、１８９７年

高坂弾正、他『甲陽軍鑑』（温故堂）、１８９３年

■大坂新助

陸軍参謀『日本戦史　長篠役』（元誠社）、１８９３年

高坂弾正、他『甲陽軍鑑』（温故堂）、１８９３年

太田牛一『信長公記』（角川書店）、１９８４年

太田牛一著、中川太古訳『現代語訳　信長公記』（中経出版）、２０１３年

■柏木源藤

桐野作人『さつま人国誌　戦国・近世編』（南日本新聞社）、２０１１年

鹿児島県史料刊行委員会『本藩人物誌』（鹿児島県立図書館）、１９７３年

鹿児島市『旧南林寺由緒墓誌』（鹿児島市）、１９２４年

磯田道史『歴史の愉しみ方――忍者・合戦・幕末史に学ぶ』(中央公論新社)、2012年
桐野作人『関ヶ原島津退き口　敵中突破三〇〇里』(学習研究社)、2010年
東京都江戸東京博物館、京都府京都文化博物館、福岡市博物館、テレビ朝日編『大関ヶ原展　徳川家康没後四〇〇年記念特別展』(テレビ朝日)2015年

■遠藤又次郎・喜三郎

小橋藻三衛『吉備叢書　第5巻　備前軍記(土肥経平)』1897年
柴田一『新釈　備前軍記』(山陽新聞社)、1986年
市川俊介『岡山戦国物語』(吉備人出版)、2010年

【コラム　赤穂事件】

山本博文『これが本当の「忠臣蔵」　赤穂浪士討ち入り事件の真相』(小学館)、2012年
山本博文『赤穂事件と四十六士』(吉川弘文館)、2013年
山本博文『知識ゼロからの忠臣蔵入門』(幻冬舎)、2014年
野口武彦『忠臣蔵　赤穂事件・史実の肉声』(筑摩書房)、2007年
佐藤孔亮『「忠臣蔵事件」の真相』(平凡社)、2003年

【第二章　幕末・明治】

■桂早之助

磯田道史『龍馬史』(文藝春秋)、2013年
相川司『龍馬を殺したのは誰か　幕末最大の謎を解く』(河出書房新社)、2009年
菊地明『龍馬暗殺　最後の謎』(新人物往来社)、2009年
木村幸比古『龍馬暗殺の謎　諸説を徹底検証』(PHP研究所)、2007年
霊山顕彰会霊山歴史館『霊山歴史館紀要(8)　木村幸比古「龍馬を斬った男　見廻組・桂早之助の履歴」』(霊山顕彰会)1995年

■有村次左衛門

大政翼賛会鹿児島県支部『有村次左衛門と其の一家』(大政翼賛会鹿児島県支部)、1943年
久米忠臣『桜田門外の変』(杵築市史談会)、2006年
岩崎英重『桜田義挙録　維新前史　下巻』(吉川弘文館)、1911年
吉田常吉『井伊直弼』(吉川弘文館)、1985年
日本史籍協会『野史台維新史料叢書　十二　伝記3』(東京大学出版会)、1973年
大久保利通著、日本史籍協会編『大久保利通日記　上巻』(東京大学出版会)、1969年
太田俊穂『維新の血書　若き志士たちの生と死』(大和書房)1967年
中沢巠夫『明治暗殺史録』(雄山閣出版)1966年

■河上彦斎

荒木精之『定本　河上彦斎』(新人物往来社)、1974年
荒木精之『河上彦斎とその歌集』(日本談義社)、1961年
渡辺京二『熊本県人』(新人物往来社)、1973年
大平喜間多『佐久間象山』(吉川弘文館)、1987年

■神代直人

川野京輔『証言=明治維新　11月5日大村益次郎暗殺される』(ビッグフォー出版)、1977年
木村紀八郎『大村益次郎伝』(鳥影社)、2010年
大村益次郎先生伝記刊行会『大村益次郎』(肇書房)、1944年
山口県文書館『山口県文書館研究紀要(43)　伊藤一晴「神代直人の捕縛――大村益次郎襲撃犯に対する山口藩の対応」』(山口県)、2016年

■島田一郎

遠矢浩規『利通暗殺　紀尾井町事件の基礎的研究』(行人社)、1986年
石川県立歴史博物館編『紀尾井町事件――武士の近代と地域社会』(石川県立歴史博物館)、1999年
佐々木克『大久保利通』(講談社)、2004年
毛利敏彦『大久保利通　維新前夜の群像5』(中央公論新社)、1969年

【コラム　大化の改新】
宇治谷孟『日本書紀　下　全現代語訳』（講談社）、１９８８年
遠山美都男『大化改新と蘇我氏』（吉川弘文館）、２０１３年
遠山美都男『大化改新――六四五年六月の宮廷革命』（中央公論社）、１９９３年
中村修也『偽りの大化改新』（講談社）、２００６年
【第三章　鎌倉・室町】
■曽我兵庫
黒田基樹『扇谷上杉氏と太田道灌』（岩田書院）、２００４年
山田邦明『享徳の乱と太田道灌』（吉川弘文館）、２０１４年
湯山学『関東上杉氏の研究』（岩田書院）、２００９年
川越市庶務課市史編纂室編『川越市史第2巻中世編』（川越市）、１９８５年
伊勢原市史編集委員会編『伊勢原市史6通史編　先史・古代・中世』（伊勢原市）、１９９５年
■公暁
五味文彦、本郷和人編『現代語訳吾妻鏡〈7〉〈8〉』（吉川弘文館）、２００９・２０１０年
坂井孝一『源実朝　「東国の王権」を夢見た将軍』（講談社）、２０１４年
五味文彦『源実朝　歌と身体からの歴史学』（ＫＡＤＯＫＡＷＡ／角川学芸出版）、２０１５年
矢代仁『公暁　鎌倉殿になり損ねた男』（ブイツーソリューション）、２０１５年
■安積行秀
今谷明『足利将軍暗殺　嘉吉土一揆の背景』（新人物往来社）、１９９４年
高坂好『赤松円心・満祐』（吉川弘文館）、１９８８年
森茂暁『室町幕府崩壊　将軍義教の野望と挫折』（ＫＡＤＯＫＡＷＡ／角川学芸出版）、２０１１年
【コラム　日本史の未遂犯】
太田牛一『信長公記』（角川書店）、１９８４年
太田牛一著、中川太古訳『現代語訳　信長公記』（中経出版）、２０１３年
著者不明『真書太閤記』（文事堂）、１８８７年
伊賀古文献刊行会『伊賀旧考　伊乱記』（伊賀市）、２０１０年
小山竜太郎『真説・日本忍者列伝』（荒地出版社）、１９６４年
川口素生『スーパー忍者列伝』（ＰＨＰ研究所）、２００８年
清水昇『戦国忍者列伝――乱世を暗躍した66人』（学研パブリッシング）、２０１０年
稲垣史生『歴史は語らず事実をして語らしむ――考証・江戸の文化と人間模様』（ＰＨＰ研究所）、１９７９年
米沢温故会『上杉家御年譜　第一巻　謙信公』（米沢温故会）、１９８８年
井上鋭夫『上杉史料集　下』（新人物往来社）、１９６９年
高坂弾正他『甲陽軍鑑』（温故堂）、１８９３年
福島成行『赤坂喰違の事変 征韓論余聞』（前田馬城太）、１９２７年
佐々木克『岩倉具視　幕末維新の個性』（吉川弘文館）、２００６年
森川哲郎『明治暗殺史』（三一書房）、１９６９年
池田豊志智『獄裏の夢　一名・相原尚褧実伝』（金港堂）、１８８９年
中嶋繁雄『明治の事件史　日本人の本当の姿が見えてくる！』（青春出版社）、２００４年
小玉正任『公文書が語る歴史秘話』（毎日新聞社）、１９９２年
尾佐竹猛『尾佐竹猛全集〈第11巻〉明治秘史　疑獄難獄』（実業之日本社）、１９４８年
井出孫六他『自由民権機密探偵史料集』（三一書房）、１９８１年

長谷川《はせがわ》ヨシテル

歴史ナビゲーター、歴史作家。埼玉県熊谷市出身。熊谷高校、立教大学卒。漫才師としてデビュー、「芸人○○王（戦国時代編）」（MBS、2012年放送）で優勝するなどの活動を経て、歴史ナビゲーターとして、日本全国でイベントや講演会などに出演、芸人として培った経験を生かした、明るくわかりやすいトークで歴史の魅力を伝えている。テレビ・ラジオへの出演のみならず、歴史に関する番組・演劇の構成作家や、歴史ゲームのリサーチャーも務めるほか、講談社の「決戦！小説大賞」の第1回と第2回で小説家として入選するなど、幅広く活動している。NHK大河ドラマ『真田丸』（2016年）の第3話に一般エキストラとして14秒ほど出演。また、金田哲（はんにゃ）、山本博（ロバート）、房野史典（ブロードキャスト!!）、いけや賢二（犬の心）、桐畑トール（ほたるゲンジ）とともに、歴史好き芸人ユニット「六文ジャー」を結成、歴史ライブやツアーを展開中。トレードマークは赤い兜（甲冑全体で20万円）。前立ては「長谷川」と彫られている（特注品で1万5千円）。著書に『ポンコツ武将列伝』（柏書房刊）『マンガで攻略！ はじめての織田信長』（原作・重野なおき、金谷俊一郎との共著、白泉社刊）がある。

本書はKKベストセラーズが運営するサイト「BEST T!MES《ベスト タイムズ》」において、「日本史の実行犯～あの方を斬ったの…それがしです」のタイトルで2016年8月30日～2017年5月23日の期間連載したものに、「大坂新助」「柏木源藤」「神代直人」「日本史の未遂犯」を追加の上、加筆・訂正したものです。

あの方《かた》を斬《き》ったの…それがしです
日本史《にほんし》の実行犯《じっこうはん》

2018年3月25日　初版第1刷発行

著者　長谷川《はせがわ》ヨシテル
発行者　塚原浩和
発行所　KKベストセラーズ
〒170-8457　東京都豊島区南大塚2-29-7
電話（03）5976-9121（代表）
http://www.kk-bestsellers.com/
印刷所　近代美術株式会社
製本所　ナショナル製本協同組合
DTP　株式会社三協美術
ブックデザイン　小口翔平＋岩永香穂＋山之口正和（tobufune）
イラストレーション　西田真魚

ISBN 978-4-584-13855-7　C0095